일러두기
이 책의 정보 페이지 '스스로 안전 점검'과 '15소년이 들려주는
75가지 안전 수칙'은 행정안전부(www.mois.go.kr)의 '국민
행동요령'을 참고했고, 어린이안전학교의 감수를 받았습니다.

15소년 안전 표류기

안전제일

위험이 꿈틀대는 모험에서 살아남는 법

강승임 글 허지영 그림
허억(어린이안전학교 대표) 감수·추천

책속물고기

1장 안전 캠프에 보내 주세요 ★ 4

스스로 안전 점검 · 각종 재난과 생활 안전

2장 표류하는 어드벤처호 ★ 18

스스로 안전 점검 · 재난 대피법과 대처법

3장 우리끼리 무인도에 ★ 37

스스로 안전 점검 · 구급약품과 응급 처치법

4장 구조가 될 때까지는 ★ 54

스스로 안전 점검 · 물놀이 안전 수칙

5장 사고는 누구의 책임? ★ 70
스스로 안전 점검 · 폭력 예방과 대처법

6장 낯선 아저씨들 ★ 84
스스로 안전 점검 · 유괴 · 실종 · 성폭력 예방법

7장 15소년 안전기 ★ 98
스스로 안전 점검 · 가정에서의 생활 안전

부록 달려라 안전!
15소년이 들려주는 75가지 안전 수칙 · 110

1장
안전 캠프에 보내 주세요

한번 보내 보는 거야

"정말요? 정말 가도 돼요?"

마루는 묻고 또 물었다. 믿을 수가 없었다. 엄마는 절대 마루를 캠프 같은 데 보낼 분이 아니었다.

왜냐고? 마루는 주의력결핍과잉행동장애까지는 아니지만, 그만큼 조심성이 없기 때문이다.

사실 마루는 조심성이 없으려고 없는 것이 아니라 어쩌다 보니 그렇게 돼 버린 거다. 다른 보통의 아이들처럼 가만히 있지를 못할 뿐이다. 호기심, 탐구심, 모험심에 도전 정신까지 넘쳐서 그렇다. 그래서 대체로 행동이 먼저 나간다.

박물관에 가면 이것저것 가리지 않고 일단은 건드려 보고, 담벼락이나 나무를 보면 나중에 어떻게 내려올지 생각도 하지 않고 오르고 본다. 길에서 나무 막대기를 보면 바로 주워서 휘두르고, 맛있는 음식이 보이면 상했는지 묻지도 따지지도 않고 일단 입속으로 집어넣는다.

이렇게 행동이 먼저 나가는 결과는 어떨까? 온몸은 상처투성이가 되고, 엄마와 아빠에게는 '조심 좀 해!'라는 꾸지람을 듣는다.

"엄마, 정말 쟤 캠프에 보내실 거예요?"

옆에서 누나 연지가 이마를 찡그리며 물었다. 절대 보내서는 안 된다는 듯한 말투였다. 중학교 2학년 연지는 동생 마루의 모든 행동이 못마땅했다.

"응, 한번 보내 보려고."

"저런 애가 캠프 가면 같이 가는 애들만 진탕 고생할 텐데……."

"누나! 있지도 않은 말 하지도 마!"

마루는 혹시 엄마 마음이 변할까 봐 얼른 누나의 말허리를 잘랐다. 하지만 연지는 도리어 지난 일을 들추며 따져 물었다.

"내가 틀린 말 했냐? 너 거기서도 장난만 칠 거잖아. 뻔해! 지난번에 학교 담 넘다가 무릎 까졌지?"

"그게 무슨 장난이야? 모험이지!"

"뭐? 모험? 웃기시네. 멋있는 말이라고 아무 데나 막 갖다 붙이지 마라."

마루는 아주 예전부터 학교 담만 보면 배 속이 간질거렸다. 담을 넘으면 왠지 아주 신나는 일이 생길 것만 같았다. 하지만 꾹 참았다. 까딱 잘못해 엄마가 알게 되면 일주일, 아니 한 달 내내 잔소리를 들을 것이 뻔하니까. 엄마는 마루의 탐험가 기질을 정말 너무 무시했다.

그런데 2주 전 수요일, 학교를 마치고 친구 하준과 얘기를 나누다 하준도 아주 예전부터 담을 넘고 싶었다는 것을 알게 됐다. 둘은 약속이라도 한 듯 동시에 담장을 짚고 훌쩍 올라섰다. 그러고는 선생님이 볼세라 폴짝 뛰어내렸는데 중심을 잘못 잡아서 그만 앞으로 고꾸라지고 말았다. 그러면서 무릎이 잔뜩 긁혀 버렸다.

"엄마, 저 조심성 없는 인간을 진짜 캠프에 보내실 거냐고요?"

연지는 따지듯 또다시 물었다. 하지만 이번에도 엄마는 똑같은 대답을 할 뿐이었다.

"어휴, 나도 몰라. 한번 보내 보는 거야."

달려라 안전 리더십 캠프

마루가 '달려라 안전 리더십 캠프' 참가 신청서를 가지고 왔을 때 마루 엄마는 거들떠보지도 않았다. 마루를 절대 보내고 싶지 않았기 때문이다. 마루가 몇 날 며칠을 조르고 졸라도, 다음번 시험에 만점을 받겠다고 각서까지 쓴다고 했는데도 말이다.

"한번 보내 보는 게 어떻겠어요? 이번에 부회장도 됐고, 안전 캠프라잖아요."

마루 아빠가 조심스레 물었다.

"무슨 소리예요? 마루를 몰라서 그래요? 안전 캠프도 캠프는 캠프예요. 집에서도 가만히 못 있는데 밖에 나가면 얼마나 난리를 치겠어요. 다리라도 부러져 오면 당신이 책임질 거예요?"

"내가 있는데 왜 그런 일이 벌어져요?"

사실 마루 아빠가 마루를 캠프에 보내자고 하는 데는 다 이유가 있다. 첫 번째는 마루의 마음을 이해하기 때문이다. 마루 아빠도 지금은 소방관이어서 누구보다 안전의 중요성을 잘 알고 실천하고 있지만, 어렸을 때는 이것저것 만지고 휘두르고 뛰고 넘고 오르고 내리고를 마구마구 하는 아이였다. 그래서 집을 떠나 자유롭게 모험을 하고 싶어서 근질거리는 몸과 마음을 잘 안다. 물론 마루가 사고를 치고 오면 엄마 못지않게 혼을 내기는 한다. 그건 아빠니까 어쩔 수 없다. 두 번째는 자신도 캠프에 가기 때문에 마루에게 위험한 일은 절대 일어나지 않을 거라고 확신해서다. 학교에서 소방관인 마루 아빠를 소방 교육 및 안전 교육 담당 강사로 초청했던 것이다.

하지만 어떤 이유 앞에서도 마루 엄마의 마음은 움직이지 않았다.

그때 방 안의 침묵을 가르며 걸걸한 목소리가 크게 울려 퍼졌다.

"차라리 그래 보는 것도 나쁘지 않제!"

마루 할머니였다. 마루 엄마, 아빠의 눈이 동시에 휘둥그레졌다.

"네? 무슨 말씀이세요, 어머니?"

마루 엄마가 저도 모르게 얼굴을 찡그렸다.

"이제 애도 아닌데 지 몸 하나 간수를 못하잖여. 그러면 뭐 어쩌겄어? 더 당해 봐야제. 내도 마루 애비 그렇게 키웠다."

마루 할머니는 짐짓 단호하고 냉정하게 말했다.

"그래도……."

마루 엄마는 마루 할머니의 생각이 매우 위험하다는 얘기를 하고 싶었지만 할머니의 강렬한 눈빛과 마주치자 갑자기 머릿속이 하얘졌다.

캠프 신청 마감일을 하루 앞둔 날, 마루 엄마가 먼저 말을 꺼냈다.

"어휴, 한번 보내 보겠어요."

마루 엄마는 며칠을 마루 할머니의 생각과 자기 생각을 저울질해 봤다. 마루 할머니는 마루가 아직 제대로 크게 다치거나 고생해 보지 않아서 자기 몸이 얼마나 소중한지 모르는 거라고 생각했다. 건강을 잃어 봐야 비로소 건강의 소중함을 알게 되는 것처럼 야외에서 위험한 일을 겪어 봐야 비로소 조심성이 생긴다는 것이다.

　반면 마루 엄마는 아이가 다치지 않도록 부모나 선생님이 제대로 보호하고 가르쳐야 한다고 생각했다. 하지만 마루는 아무리 주의를 주고 혼내도 조금도 행동을 조심하지 않았다. 그러니 속는 셈 치고 이번 한번 보내 보기로 한 것이다.

　"음, 잘 결정했어요. 걱정 말아요. 남자는 다 그러면서 크는 거예요. 내가 알아보니까 안전 교육도 있고 극기 훈련도 있어요. 놀기만 하는 캠프는 아니라니까."

　"몰라요! 암튼 마루한테 무슨 일 생기면 당신이랑 어머니가 책임져야 해요!"

아빠의 안전 교육

　"야호! 드디어 간다!"

　마루는 캠프 수련원으로 향하는 버스 안에서 저도 모르게 소리를 질렀다. 옆에서 하준이 조용하라는 듯 옆구리를 쿡쿡 찔렀다. 목소리가 좀 크기는 했다. 하지만 마루는 몹시 기쁘고 흥분돼서 좀처럼 입이 다물어지지 않았다. 집을 벗어나 자유를 만끽하는 이

순간을 정말 얼마나 기다렸는지 몰랐다. 날마다 밤마다 『15소년 표류기』와 『보물섬』을 번갈아 읽으며 신나는 모험을 꿈꿨다.

거친 풍랑에 휩쓸려 보물이 잔뜩 묻힌 무인도에 표류하는 꿈! 덤불이 우거진 숲을 헤치며 보물을 찾는 꿈! 세차게 흐르는 강을 거슬러 올라가 고대 유적을 발견하는 꿈! 파렴치한 해적들과 맞서 싸우며 멋있게 친구를 구하는 꿈!

'히히, 이제 2박 3일 동안은 해방이야. 엄마, 아빠, 누나의 감시 레이더가 없으니까 완전 내 세상이지! 미래의 탐험가답게 환상적인 시간을 보내고 올 거야!'

하지만 마루의 계획은 그리 호락호락 이루어질 것 같지 않았다.

'헉, 저 주황색 바지는······.'

점심을 먹은 후 안전 교육을 받으러 강당으로 가는 길에 어떤 사람의 매우 익숙한 뒷모습이 마루의 눈길을 끌었다. 저 걸음걸이는······ 생각해 볼 것도 없이 아빠였다!

'아빠가 여긴 웬일이시지?'

마루의 머릿속이 갑자기 복잡해졌다. 그제야 아침에 엄마가 마루를 배웅하며 했던 말이 떠올랐다.

"정신 바짝 차리고 조심해야 해! 선생님들 말씀 잘 듣고! 절대 혼자 막 나다니면 안 돼! 뭐 아빠가 알아서 하시겠지만."

마루는 이 말을 듣고도 무슨 말인지 물어볼 생각을 못 했다. 캠프 생각에 들떠 건성으로 '예, 예.' 하고 대답만 했다.

'아빠가 알아서 한다는 말이 이거였다니…… 맙소사!'

마루 입장에서는 아빠도 엄마랑 똑같았다. 아빠는 마루를 이해한다고 하지만 어떤 때는 엄마보다 더 심하게 꾸중을 하고 야단을 쳤다. 이럴 때는 조금 무섭기도 했다. 그런데 그 아빠가 지금 여기 같이 있다면 절대 자유로울 수 없었다. 마루는 절로 한숨이 나왔다.

"알다시피 이번 리더십 캠프 주제는 안전입니다. 여기 온 어린이들은 모두 각 반의 회장, 부회장, 전교 임원입니다. 여러분이 먼저 안전을 소중히 여기고 안전 수칙을 잘 지키며 모범을 보여야 학교 전체가 안전한 학교가 되겠지요. 자, 그럼 소개하겠습니다. 이번 캠프에서 안전 교육을 해 주실 안수남 소방관이십니다. 박수!"

마루 아빠가 단상에 올랐다. 모자를 고쳐 쓰고 강당 안을 쓱 둘러봤다. 그러다 마루와 눈이 딱 마주치자 빙그레 미소를 지으며 교육을 시작했다. 마루는 슬며시 눈길을 돌렸다.

불이 꺼지고 커다란 스크린 위로 다양한 사고 장면이 차례로 떠올랐다. 자동차가 뒤집어지는 장면, 건물이 불타는 장면, 비행기가 추락하는 장면 등 아이들의 시선을 확 잡아끌었다. 여기저기서 끔찍하다, 오싹하다면서 웅성거렸다.

영상이 끝나자 마루 아빠는 각 사고의 원인과 대처법, 예방법 등을 자세히 설명해 줬다. 그러자 아이들이 점점 지루해하기 시작했다.

"자, 내일 물놀이를 한다고 들었습니다. 그러면 마지막으로 물놀이 안전에 대해 얘기해 볼게요."

"아, 진짜 짜증 난다! 언제 끝나냐?"

누군가 불평을 늘어놓았다.

'누구야? 감히! 우리 아빠가 말씀하시는데!'

마루는 목소리가 들린 쪽으로 고개를 휙 돌렸다. 사실 마루도 아빠의 설명이 점점 지루해지던 차였지만 다른 사람이 아빠 말을 무시한다고 생각하니 당연히 기분이 나빴다.

마루는 주먹을 불끈 쥐었다. 하지만 이름표에 '5학년 2반 부회장 마두영'이라고 적혀 있는 것이 보이자 차마 화를 내지는 못했다.

"마두영! 넌 여기 와서도 불평불만이냐? 조용히 하고 좀 듣자!"

'이번엔 누구지?'

마루는 소리가 난 쪽으로 눈을 돌렸다. 6학년 1반 회장 진혁이었다.

'1학기 전교 회장이었던 형이다.'

혁이 마루를 보고 씩 웃었다. 마루도 멋쩍게 웃었다.

"수영하다가 쥐가 나면 어떻게 해야 할까요?"

마루 아빠는 동영상을 잠시 끄고 단상 앞으로 나오더니 바지를 걷어 올려 직접 시범을 보여 줬다.

"쥐가 난 부분의 근육을 풀어 줘야 해요. 종아리에 쥐가 나면 발바닥을 이렇게 젖혀 주세요. 발등을 정강이 쪽으로 오게 해서 종아리가 펴지도록 하면 됩니다. 한번 해 보겠어요?"

마루는 주변을 둘러봤다. 절반은 하고 절반은 하지 않았다. 마루도 별로 하고 싶지 않았지만 불평쟁이 마두영이 뒤에 있다고 생각하니 더 열

Q. 물놀이를 할 때 다리에 쥐가 나면?

A. 몸에서 힘을 빼고 엄지발가락을 힘껏 당긴다.

심히 따라 했다. 역시나 마두영은 못마땅하다는 듯 팔짱을 끼고 있었다. 그 옆에 마시영이라는 아이도 두영을 그대로 따라 했다. 마루는 둘이 꼭 못생긴 바퀴벌레 한 쌍 같다고 생각했다.

안전 교육이 끝나자 아빠가 마루를 조용히 불렀다.

"마루 너, 여기서도 장난치면 큰일 나. 그럼 너랑 나랑 엄마한테 완전 쫓겨나는 거야. 아빠가 잘 보긴 할 테지만 마루도 주의하렴."

"아빠가 어떻게 봐요? 설마……."

맞다. 마루의 예상대로 아빠는 학부모 대표 도우미로 캠프에 남는다고 한다. 그렇다면 아빠가 본다는 것은 감시한다는 뜻이다!

'안 돼! 그럼 나의 모험은……'

마루는 머리가 어질어질했다.

"이번 기회에 우리 아들이 얼마나 의젓한지 엄마에게 보여 주자, 알겠지? 파이팅이야!"

아빠는 마루에게 잘해 보자는 의미로 주먹을 불끈 쥐어 보였다.

"알겠어요. 조심할게요."

하지만 마루는 당연히 아빠가 원하는 대로 잘해 보고 싶지는 않았다. 그럼 마루가 바라는 것을 할 수 없을 테니까 말이다. 그렇다면 방법은 아빠의 감시 레이더를 피하는 것뿐이다!

'어떻게 얻은 자유인데! 분명 기회가 있을 거야!'

스스로 안전 점검

재난은 멀리 있지 않아!
재난을 알아야 안전을 지킨다!

안전제일

각종 재난과 생활 안전

 마루를 어쩌면 좋을까? 벌써 아빠 눈을 피해 장난칠 궁리만 하고 있으니. 하지만 아빠의 안전 교육을 열심히 들은 건 칭찬해 주고 싶어. 나중에 분명 도움이 될 거야. 안전 교육이 어떤 내용이었는지 궁금하지? 지금부터 하나씩 알려 줄게.

 먼저 재난이 무엇인지부터 알아야 해. 재난은 태풍 같은 자연 현상이나 화재 같은 인위적인 사고로 인해 우리의 생명과 재산에 큰 피해가 가는 걸 말해.

자연재해

★ 자연 현상으로 발생하는 재난

태풍, 홍수, 호우(엄청난 비), 강풍, 대설(엄청난 눈), 한파(엄청난 추위), 풍랑(엄청난 파도), 황사, 폭염(엄청난 더위), 가뭄, 지진, 해일, 산사태, 화산 폭발, 침수(땅이 물에 잠기는 것), 낙뢰(벼락) 등

인위적인 재난

★ 사람의 실수나 부주의, 고의로 일어나는 재난

화재, 산불, 폭발, 건축물 붕괴, 댐 붕괴, 오염, 전염병, 철도·지하철 사고, 항공기 사고, 선박 사고, 정전, 전기·가스 사고, 금융 전산 사고, 원자력발전소 사고, 화학 물질 사고, 테러 등

이렇게 쓰고 나니 재난이 정말 가까이 있는 것 같아. 집 밖으로 나가는 게 괜히 두렵네. 그런데 여기서 끝이 아니야. 이런 재난보다 우리가 더 자주 겪게 되는 사고들이 있단다. 바로 생활 안전사고지. 학교, 집, 도로, 놀이터 등 우리가 흔하게 오가는 곳에서 일어나기 때문에 더 주의를 기울여야 해.

생활 안전사고

★ 생활하는 가운데 일어나는 안전사고

감전, 가스 누출, 승강기 사고, 물놀이·낚시 사고, 놀이 시설 사고, 식중독, 등반 사고, 실종·유괴, 학교 폭력, 가정 폭력, 성폭력, 교통사고, 미세 먼지, 학교 안전사고 등

2장 표류하는 어드벤처호

선실에서의 하룻밤

기회는 생각보다 쉽게, 그리고 빨리 왔다. 마루가 아빠의 눈을 피해 자유를 누릴 기회가 말이다.

"와, 신난다!"

"먹을 것만 간단히 챙겨서 빨리 가자!"

저녁을 먹고 마루와 하준이 방 안에서 누르기 놀이를 하고 있는데, 혁과 대여섯 명의 아이들이 흥분된 얼굴로 들어왔다. 그러고는 온갖 간식들을 가방에 챙겨 넣기 시작했다.

마루는 직감적으로 아이들이 여기를 떠나 다른 곳으로 간다는 것을 알아챘다.

"형, 어디 가?"

마루는 혁에게 슬며시 물었다. 혁이 잠시 손을 멈추고 상황 설명을 해 줬다. 혁과 몇몇 아이들이 선생님을 졸라 내일 섬에 타고 갈 배에서 잠을 자도 된다고 허락을 받았다는 것이다.

"와! 정말? 우리도 가도 돼?"

"음……. 안마루 너는 안 돼."

혁이 마루를 콕 집어 말했다. 마루 아빠가 마루는 절대 데리고 가면 안 된다고 했다는 것이다. 하준이 가방을 챙기며 위로라도 하듯 마루의 어깨를 톡톡 두드렸다. 하지만 쉽게 포기할 마루가 아니었다.

"그럼 내가 직접 아빠한테 허락받으면 되지?"

마루는 일단 혁을 안심시킨 다음 아빠를 만나는 척하고 허락을 받았다고 말할 속셈이었다. 거짓말은 나쁘지만 장난도 치지 않고 사고도 터지지 않으면 나중에 아빠가 사실을 알아도 크게 야단치지 않을 거라고 생각했다.

마루는 선생님들이 묵는 방에 가서 아빠를 만나고 돌아온 뒤 혁을 따라나섰다. 물론 아빠에게는 사실대로 말하지 않았고, 혁에게는 아빠에게 허락을 받았다고 말했다.

마루까지 합쳐 일곱 명의 아이들이 배로 향했다. 모두 콧노래를 흥얼거리며 들뜬 마음을 숨기지 않았다. 단순히 잠만 자는 것인데도 해방감을 느꼈다.

"야, 너 거기서 뭐 하냐?"

한 아이가 배 앞에서 어슬렁거리는 것을 보고 혁이 경계하듯 불러 세웠다. 3학년 정도 돼 보이는 키 작은 아이였다. 아이가 화들짝 놀라며 몸을 돌리자 하준이 아는 척을 했다. 하지만 그 아이에게 말을 거는 것이 아니라 마루의 귓가에 대고 소곤거렸다.

"쟤, 아까 정규가 말한 애잖아. 왕따."

'4학년 정다운.' 이름표에는 이렇게 쓰여 있었다. 그러고 보니 낮에 점심을 먹으며 정규가 다운이라는 아이를 무지 흉봤던 일이 떠올랐다. 하지만 마루는 목소리가 작고, 키가 작은 것이 어째서 재수가 없고 같이 놀기 싫다는 것인지 잘 이해되지 않았다. 그래도 아까는 친한 친구 정규가 하는 말이라 건성으로라도 맞장구를 쳐 줬다.

"들어갈 거면 같이 들어가자."

혁이 다운의 가방을 툭 쳤다. 다운이 주춤 뒤로 물러섰지만, 돌아가고 싶지는 않았는지 옆으로 비켜섰다가 맨 뒤에서 따라 들어갔다.

그런데 선실 안에는 이미 다른 아이들이 자리를 차지해 놓고 있었다.

"어? 안마루! 김하준!"

정규였다. 정규는 마루와 하준을 보고 벌떡 일어나 반겼지만 곧 뒤에 나타난 다운을 보고 눈살을 찌푸렸다.

"넌 안 온다며 왜 왔냐?"

정말 싫어하는지 정규의 말투가 곱지 않았다.

"워, 워! 오면 좀 어때? 이왕 온 거니까 다들 들어와."

구석에서 팔짱을 끼고 눈을 감고 있던 비쩍 마른 아이가 살며시 눈을 뜨고 무심하게 말했다.

"시원이구나. 너희도 선생님께 허락받은 거야?"

혁이 시원이 있는 구석으로 가며 물었다. 시원이 빙그레 웃으며 고개를 까닥했다.

"당연하지. 담당 선생님께 다 보고하고 왔지. 근데 하룻밤 잠만 자는 건데 너희는 무슨 짐이 그렇게 많냐?"

"앞일은 모르는 법! 그냥 먹을 거랑 밤에 추울까 봐 겉옷 같은 거 가지고 왔어."

그때 또 문이 덜컥 열렸다.

"두영이 형! 이쪽으로 와!"

'두영이라면…….'

마루는 단번에 누군지 알아봤다. 아빠가 교육하는 내내 불평불만을 늘어놓았던 그 아이였다. 마두영은 정규와 같은 조로 부조장이었다. 정규네 조에서는 총 네 명이 배에서 자기로 했다고 했다. 마루네 조에서는 일곱 명 전부 다 왔고, 시원네 조에서도 네 명이 왔다. 그러니까 선실에는 공교롭게도 열다섯 명의 아이들이 모여 있게 됐다.

"얘들아, 진짜 신기하지 않냐? 지금 우리 열다섯 명이야."

시원이 눈동자를 반짝거리며 아이들을 한 명 한 명 둘러봤다.

"15소년 표류기! 형 그거 말하는 거지?"

그렇지 않아도 마루는 아까부터 인원수를 세며 그 생각을 하고 있었다. 아이들이 저마다 한마디씩 했다.

"아, 진짜 이대로 우리끼리 떠나면 좋겠다."

"배 이름도 어드벤처호야. 모험! 정말 멋지지 않냐?"

"무인도에 가면 정말 식인종이 있을까?"

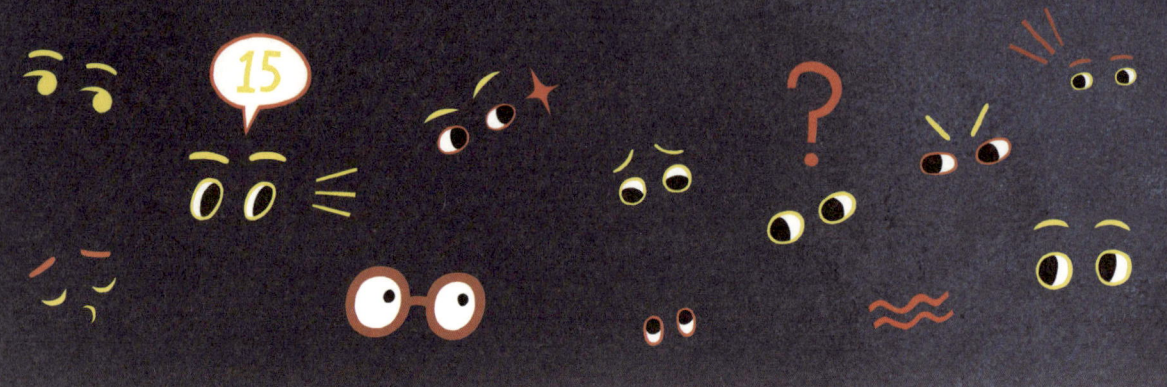

"무슨 헛소리야? 요즘 식인종이 어딨냐? 해적이라면 모를까."

"해적은 아프리카에나 있지!"

"누가 됐든 나한테 오면 바로 돌려차기야."

아이들의 목소리가 점점 커져 갔다. 선실 안이 금세 흥분으로 떠들썩해졌다. 마루의 마음도 풍선처럼 부풀어 올랐다. 그러나 곧 바람이 빠지고 말았다. 선생님이 들이닥쳤던 것이다.

"얘들아! 이제 그만 자라! 떠드는 소리가 선생님 방까지 들린다. 안 잘 거면 당장 내려서 자기 방으로 돌아가!"

선생님은 아이들이 이부자리를 펴고 눕는 것까지 확인한 뒤 불을 툭 끄고 돌아갔다. 하지만 몇몇 아이들은 어둠 속에서도 장난을 치며 모험을 속삭였다. 물론 마루도 늦게까지 잠을 이루지 못했다.

몇 시쯤 됐을까? 마루는 저도 모르게 눈이 딱 떠졌다. 오줌이 마려웠다. 그냥 잘까 하다가 한밤에 밖에 나가 보는 것도 재미있을 것 같아 몸을 일으켰다.

밖은 으스스하니 귀신이 나올 것처럼 캄캄했다. 볼일을 다 본 마루는 선실로 바로 들어가지 않고 잠깐 주변을 둘러봤다. 어둠 속에서 커다란 배를 조사하는 것이 꽤 스릴이 있었다. 마루는 이것저것 만지고 두드려 봤다.

'어, 이건 뭐지?'

어둠에 완전히 익숙해질 때쯤 마루의 눈에 매우 흥미로운 물체가 들어왔다. 배를 선창에 묶어 둔 밧줄이었다. 마루는 정말 단단히 묶여 있는지 호기심이 일었다. 조심스레 다가가 만져 봤다. 억센 매듭이 느껴졌다. 그러자 지난번 학교 담을 넘을 때처럼 속이 간질거리기 시작했다. 매듭이 한번 풀어 보라고 약을 올리는 것 같기도 했다.

'이 정도쯤! 내가 못 풀 줄 알아?'

마루는 대단한 문제라도 푸는 것처럼 이를 앙 물고 밧줄을 풀기 시작했다.

소년 열다섯 명

어드벤처호. 과연 이 배는 이름처럼 열다섯 명의 소년을 신나는 모험의 세계로 인도할까? 자, 그 이야기는 잠시

뒤로 미루고 누가 이 배에 타고 있는지 알아보자.

 4학년이 다섯 명으로 제일 많다. 먼저 안마루. 외모도 성적도 성격도 모두 평범하다. 가족에게는 조심성이 없다는 핀잔을 종종 듣지만 본인은 모험을 동경하고 호기심이 많을 뿐이라 생각한다. 김하준은 유치원 때부터 마루와 늘 붙어 다닌 단짝이다. 마루와 함께 나란히 회장, 부회장이 됐다. 변정규는 마루와 3학년 때 같은 반으로 친하게 지냈다. 친구들과 어울리는 것을 좋아하지만 조금 변덕스럽고 마음에 들지 않는 친구에게는 못되게 군다. 정다운은 정규네 반이다. 키도 작고 몸도 왜소하며 목소리도 아기 같다. 하지만 책을 많이 읽어서 생각이 깊고 척척박사다. 반에서 따돌림을 당하는데 아이들이 장난으로 부회장으로 뽑아 버렸다. 회장이 된 정규는 사사건건 다운을 무시하고 괴롭힌다. 마시영은 마두영의 사촌 동생이다. 두영이 하는 것은 무엇이든지 따라 한다.

 5학년은 네 명이다. 먼저 마두영은 좋게 말하면 주관이 뚜렷하고 나쁘게 말하면 고집이 세다. 경쟁심과 질투심이 대단하다. 특히 같은 반 고다빈을 미워한다. 다빈과 같은 반만 되면 선거에서 져 부회장이 되기 때문이다. 두영의 미움을 받는 고다빈은 모범생이다. 배려심이 깊고 침착하고 차분해 인기도 많고 따르는 아이들도 많다. 시골에 사는 할아버지처럼 선장이 되는 것이 꿈이다. 이우리와 이누리는 쌍둥이 형제다. 둘 다 손재주가 좋다. 늘 붙어 다니면서 투닥투닥 잘도 싸우지만 함께 무언가를 할 때는 최고로 마음이 잘 맞는다. 엄마가 써 준 똑같은 연설문으로 똑같이 부회장이 됐다.

6학년은 딱 두 명만 배에 탔다. 1학기 전교 회장이기도 했던 진혁은 리더십이 뛰어나다. 그래서 2학기에는 반 회장이 됐다. 목소리가 좀 낮고 굵은 데다 눈이 깊어 한눈에 봐도 믿음을 주는 인상이다. 실제로도 진지하며 어려운 일이 닥쳐도 좌절하지 않고 솔선수범해 헤쳐 나가려고 노력한다. 반 부회장 김시원은 전교 1, 2등을 다투는 수재다. 학원도 안 다니고 과외 수업도 받지 않는데 어떻게 그런 성적이 나오는지 미스터리다. 학교에서도 보면 늘 자고 있고 아무 일에도 관심이 없는 듯하다. 하지만 귀찮아하면서도 학교에서 하는 모든 행사에 다 참여한다. 당연히 열심히 하지는 않는다. 비쩍 말라 입이 짧을 것 같지만 사실은 엄청 먹어 대는 대식가다.
　　3학년은 네 명이 탔다. 강하늘과 윤승우는 겁이 없고 장난꾸러기다. 하지율은 겁이 좀 많은 편이고, 무섭거나 불안하면 마구 먹는다. 물론 평소에도 잘 먹어 몸이 통통하다. 요리도 잘해서 요리사가 꿈이다. 또 한 명은 진혁의 동생 진윤이다. 윤은 '형바라기'다. 무슨 일이 생기면 엄마, 아빠를 찾는 것이 아니라 형부터 찾는다. 형이 하는 것은 무엇이든 함께하려고 하는데, 반 부회장이 돼 캠프에 같이 오게 됐다.

　　얼마나 시간이 흘렀을까? 어슴푸레 날이 밝아 오는데 갑자기 선실 밖에서 다급한 목소리가 들려왔다.
　　"형, 형! 큰일 났어!"
　　혁의 동생 윤이었다. 화장실에 가려고 밖으로 나왔다가 기가 막힌 광경을 보게 된 것이다.

혁이 잠이 덜 깬 얼굴로 일어났다. 어렸을 때부터 동생 윤의 목소리에는 몸이 자동으로 반응하는 것이 습관이 돼 버렸다.

그 순간 마루도 눈을 떴다. 직감적으로 무슨 일이 일어났는지 알 것 같았다.

'하지만 그럴 리가 없을 텐데……'

"혁……! 이, 이게 무슨! 얘, 얘들아!"

혁이 소리쳤다. 태어나서 가장 크고 높은 목소리가 혁의 목구멍에서 터져 나왔다.

잠시 후 갑판 위에는 열다섯 명의 소년이 모두 모여 도저히 믿기지 않는 광경을 바라보고 있었다. 어느새 어드벤처호가 선착장에서 떨어져 나와 그 폭도 끝도 알 수 없는 넓디넓은 바다 한가운데 덩그러니 떠 있는 것이었다.

표류의 시작

"이게 도대체 어떻게 된 일이야?"

혁의 얼굴이 잔뜩 일그러졌다. 그제야 모두 정신이 돌아왔는지 상황을 파악하기 시작했다.

"꿈은 아니지? 한번 꼬집어 봐."

누리가 쌍둥이 형제 우리에게 볼을 내밀었다. 우리는 있는 힘껏 볼을 꼬집었다.

"으악! 그렇게 세게 꼬집으면 어떻게 해?"

"꼬집으라며!"

우리와 누리가 다투기 시작했다.

"지금 이 상황에서 너희는 그러고 싶냐? 좀 조용히 해!"

혁이 버럭 소리를 질렀다.

"형, 무서워. 우리 이제 어떻게 되는 거야?"

윤이 혁의 윗도리를 꼭 쥐며 바들바들 떨었다. 그 옆에 지율도 딱 붙

어 있었다. 다른 아이들도 마찬가지였다. 모두 당혹스러워서 어찌할 줄 몰랐다.

마루도 처음에는 당황했다. 어제는 마루와 아이들 모두 모험을 부르짖으며 원시인이니, 해적이니 떠들어 댔지만 실제로 그런 일이 벌어질 거라고는 상상도 하지 못했다. 밧줄은 너무나 꽁꽁 묶여 있었으니까. 하지만 지금 이렇게 진짜 모험을 하게 되다니…….

'가만……, 이건 굉장한 일이잖아!'

마루의 표정이 서서히 밝아졌다. 어쩌면 이것은 심각한 일이 아니라 굉장한 일이었다. 어쩌면 하늘이 주신 기회인지도 몰랐다. 마루는 아이들의 표정이 점점 어두워지는 줄도 모르고 저도 모르게 기쁨의 감탄사를 툭 내뱉었다.

"와, 대박!"

"뭐가 대박이라는 거야?"

두영이 마루의 말에 바로 불쾌한 표정을 지으며 짜증을 냈다. 마루는 힐끗 두영을 봤다. 두영의 날카로운 눈빛이 마루의 심장을 콕 찌르는 것 같았다. 언제부터 마루를 보고 있었을까.

"너 좀 수상하다. 지금 아주 심각한 상황인 거 모르겠냐? 근데 대박이라고?"

아이들이 일제히 마루를 쳐다봤다.

"마, 맞아! 수, 수상해!"

시영이 갑자기 말을 더듬으며 두영과 함께 마루를 몰아붙였다.

"너 어젯밤에 어디 갔다 왔냐?"

두영이 꼭 마루를 추궁하듯 물었다. 마루는 혹시 선착장에서의 일을 두영이 아는 것 같아 저도 모르게 흠칫 놀랐다. 하지만 하늘에 맹세코 문제가 될 만한 짓을 하지 않았다! 그런데 왜 심장은 지금 이 순간 모두의 눈앞에서 두방망이질 치는지 모르겠다.

"왜 놀라? 마치 네가 줄을 풀기라도 한 것처럼!"

두영이 더 따지고 들었다. 마루의 발이 뒤로 주춤거렸다.

"진짜야? 설마 네가 그런 거야?"

"빨리 말해! 사실대로!"

아이들의 눈빛이 점점 의심으로 변해 갔다. 모두들 마루를 재판정에라도 세울 기세였다. 이러다가 짓지도 않은 죄를 뒤집어쓰게 생겼다. 마루는 힘들게 입을 열었다.

"내가 뭘? 뭘 어쨌다고?"

마루는 누구라도 도와주기를 바라는 마음에 눈동자를 이리저리 굴렸다. 마침 하준과 눈이 딱 마주쳤다. 그렇지 않아도 하준은 아이들이 마루를 몰아세우는 것이 못마땅했다.

"진짜 다들 왜 그래? 마루가 뭘 어쨌다고 그래? 증거 있어?"

"자, 그만하고 지금 그러고 있을 때가 아닌 것 같다. 하늘을 봐라, 얘들아."

좀처럼 주변 일에 끼지 않는 시원이 웬일로 갈등을 중재하며 나섰다. 물론 언제나처럼 귀찮아하는 기색이 역력했다.

시원의 말대로 그사이 하늘이 시커먼 구름으로 가득 뒤덮여 있었다. 당장이라도 폭우가 쏟아질 것 같았다.

"파도가 점점 거세지고 있어. 모두 선실로 들어가!"

혁이 서둘러 아이들을 대피시키고 자신은 조타실로 들어갔다.

"형, 나도 갈게. 할아버지 배에 타 본 적이 있어."

다빈이 따라갔다. 다빈의 뒷모습을 두영이 못마땅하게 쳐다봤다.

선실로 돌아온 아이들은 배가 점점 세게 흔들리는 것을 느꼈다.

"이러다가 모두 물고기 밥 되는 거 아냐."

정규가 어깨를 덜덜 떨며 말했다. 어느새 마루도 두려움을 느끼기 시작했다. 드디어 진짜 모험이 시작됐는데 이렇게 한순간에 물거품이 되는 것인가? 하지만 희망을 놓기에는 일렀다. 마루는 기도를 하듯 두 손을 꼭 모았다. 탐험가는 숱한 어려움과 고난을 겪으며 성장한다고 했으니까. 마루는 꼭 기적이 일어나기를 빌었다.

"저…… 내가 아까 잠깐 섬 같은 걸 본 것 같아."

다운이 무슨 토끼 인형인지 털 뭉치 같은 것을 꼭 끌어안으며 모기만 한 목소리로 말했다.

"시끄러! 네가 보긴 뭘 봐! 겁쟁이 주제에! 그 토끼는 또 뭐냐? 아, 진짜 재수 없다!"

정규가 다운과 인형을 노려보며 톡 쏘았다.

"왜 그러냐? 무슨 얘기인지 다 들어 보지도 않았잖아."

마루는 다운이 구세주라도 되는 듯 간절한 눈빛으로 쳐다봤다. 다운이 정규 눈치를 보다가 마루를 향해 입을 열었다.

"그러니까 말이야. 어어, 어, 으악!"

그때 갑자기 배가 심하게 흔들렸다. 그 바람에 아이들이 모두 한쪽 벽으로 쏠렸다.

"어떻게 해! 물이 들어오고 있어!"

두영이 공포에 질려 소리를 질렀다. 물이 금세 발목까지 차올랐다.

"모두들 갑판으로 올라가!"

시원이 다급하게 아이들을 밖으로 내보냈다. 폭풍우가 몰아치는 바다는 성난 괴물 같았다. 폭우는 어드벤처호를 때려 부수기라도 할 것처럼 사정없이 쏟아졌다.

"얘들아, 배가 부서질지도 모르겠어. 구명보트가 있는지 찾아보자!"

어느새 혁과 다빈도 갑판으로 나와 있었다. 아무래도 조종이 쉽지 않았을 것이다.

"형, 나 어디 있는지 알아!"

마루는 어제 새벽에 배를 둘러보다가 구명보트를 봤던 일이 떠올랐다. 아이들이 우르르 마루를 따라갔다.

하지만 이미 때는 늦었다. 구명보트를 발견한 순간, 아이들 뒤로 63빌딩만 한 파도가 배를 집어삼킬 듯이 으르렁거리고 있었던 것이다. 그리고 그것은 곧 현실이 됐다.

"모두 꽉 잡아!"

"으악! 안 돼!"

스스로 안전 점검

으아악~ 큰일 났다! 어떻게 탈출하지?

재난 대피법과 대처법

바다에서 풍랑을 만나거나 갑자기 건물에 불이 나거나 비행기가 추락하는 위험천만한 상황이 닥치면 어떡해야 할까? 이런 비상 상황이 발생하면 우리가 생명을 구할 수 있는 금쪽같은 시간이 있어. 그걸 '골든 타임'이라고 해. 비행기 사고의 경우 운명의 90초 규칙이 있대. 비상 상황이 발생하면 90초 내에 승객들을 탈출시켜야 한다는 규칙이야. 다음 위급 상황에 처했을 때 어떻게 대피하고 대처해야 하는지 알아 두자.

건물이 무너졌을 때

- 차분하게 주변을 살펴서 대피로를 찾아 이동해.
- 엘리베이터 홀, 계단실 등과 같이 견디는 힘이 강한 벽체가 있는 곳으로 임시 대피해.
- 코트, 방석, 담요, 상자 등으로 머리와 얼굴을 보호하며 움직여.

비행기 사고가 났을 때

- 섣불리 행동하지 말고 승무원의 안내에 따라 비상 장비(산소마스크, 구명조끼 등)를 착용해.
- 비상 탈출용 슬라이드를 이용할 때 날카로운 물건은 비행기 안에 남겨 두고 탈출해.

배 사고가 났을 때

- 배에 물이 새거나 침몰할 조짐이 보이면 구명조끼를 찾아 입고 재빨리 갑판으로 올라가.
- 구명조끼를 찾아 입고 선장이나 승무원의 지시에 따라 탈출해. 물속으로 탈출해야 할 때는 신발을 벗는 것이 좋아.
- 체온이 떨어지지 않게 물속에서 팔짱을 끼고 다리를 올려 당기고 머리를 물 밖으로 세워.

건물에 화재가 났을 때

- 화재경보기를 누르고 바로 119에 신고한 뒤, 어디로 나가야 하는지 침착하게 판단해.
- 불이 난 반대편 출구를 찾아서 나가야 해. 자세를 낮추고 짧게 숨을 쉬는 것이 도움이 돼.
- 손수건이나 옷을 물에 적셔 코와 입을 막거나 비닐봉지에 공기를 불어 넣어 숨을 쉬면 조금 나아.

철도 사고가 났을 때

- 안내 방송에 따라 대피해. 승무원이 승강 문을 열면 질서를 지켜 대피해.
- 승강 문이 열리지 않으면 비상용 망치를 이용해 창문을 깨고 탈출해. 이때 반대편 선로로 대피하면 안 돼.
- 터널 안이면 비상 유도등을 따라 자세를 낮춰 가까운 터널 입구의 비상 대피소로 이동해.
- 불이 났으면 수건, 옷소매 등으로 코와 입을 막고 몸을 낮춰 다른 객차로 이동해.

지하철 사고가 났을 때

- 비상 버튼을 눌러 승무원에게 연락해 사고가 났음을 알려.
- 불이 났으면 코와 입을 막고 자세를 낮춰 빨리 비상구로 탈출해. 불을 끌 여유가 있다면 소화기를 이용해서 불을 꺼.
- 출입문이 열리지 않으면 비상용 망치로 문을 깨고 탈출해.
- 터널에서 탈출할 때는 전동차 진행 방향으로 대피해야 해.

3장
우리끼리 무인도에

사라진 아이들

 어드벤처호는 어디로 간 것일까? 배에 타고 있던 열다섯 명의 아이들은 어떻게 됐을까?
 선생님들이 배와 아이들이 사라졌다는 사실을 아는 데는 그리 오랜 시간이 걸리지 않았다. 아침 산책 시간이 다 돼 아이들을 데리러 간 선생님이 선착장에 도착한 그 순간 캠프장 가득 울려 퍼질 만큼 크게 외쳤기 때문이다.
 "애들이 사라졌어요!"
 교육청의 안전 교육 강화 지침에 따라 특별히 이번 리더십 캠프의 주제를 안전으로 잡았는데, 아이들이 단체로 사라지다니! 그것도 어른이 없는 배를 타고 말이다!
 꿈에서도 예상하지 못했던 일이 벌어지자 선생님들은 허둥대기 시작했다. 막상 사고가 터지니 무엇을 어떻게 해야 할지 갈팡질팡했다.

"자, 선생님들 진정하십시오! 일단 남아 있는 아이들이 동요하지 않도록 한방에 모이게 해 주시고 함께 있어 주십시오. 그리고……."

아직 마루가 배에 탄 줄 모르는 마루 아빠가 소방관답게 침착하게 지시를 내렸다. 캠프에 남아 있었던 것이 천만다행이었다. 하지만 선생님들은 마루 아빠의 말이 귀에 들어오지 않았다.

"누가 애들만 배에서 자게 허락한 거예요?"

"학교에 먼저 연락해야 되지 않겠어요? 교장 선생님이 오기 전까지는 아무것도 해선 안 돼요!"

"무슨 소리예요? 빨리 신고를 해야지! 119에 전화 걸어요!"

"경찰을 먼저 불러야 하는 거 아니에요?"

선생님들의 의견은 쉽게 하나로 모아지지 않았다.

그도 그럴 것이 위급한 일이 터지면 누구든 평정심을 잃기 마련이고, 더 큰일이 터질 것 같은 불안감 때문에 마음이 점점 더 혼란스러워지기만 한다. 그래서 오히려 무엇을 어떻게 해야 할지 갈피를 잡기가 더 어렵다.

그때 한 아이가 울음을 터뜨렸다.

"으아앙! 내 친구들 살려 주세요!"

그제야 선생님들의 정신이 돌아왔다. 지금은 아이들을 찾는 것이 먼저였다. 선생님들은 동시에 말을 멈추더니 마루 아빠의 지시에 따르기 시작했다. 두 명의 선생님이 아이들을 데리고 제일 큰 방으로 들어갔고, 한 선생님은 경찰과 119에, 다른 선생님은 학교에 연락을 했다.

마루 아빠는 나머지 선생님들과 선착장으로 나가 상황을 다시 확인해 봤다. 어드벤처호가 있던 자리가 텅 비어 있었다.

　　"선생님들! 여기 잠깐 와 보세요. 밧줄이 풀렸나 봐요."

　　"어? 그럴 리가 없어요. 제가 어제 아이들 재우고 가면서 꼼꼼히 점검했는데……."

　　어드벤처호를 묶었던 기둥만 덩그러니 서 있었다.

　　마루 아빠는 천천히 생각을 정리했다.

　　'그렇다면 누군가 일부러 밧줄을 풀었다는 건데…… 누가…… 왜?'

　　"마루 아버님! 아니, 소방관님! 마루도 그 배에 함께 탄 모양인데요."

　　"네? 뭐라고요?"

　　마루 아빠는 심장이 쿵 멎는 것 같았다. 마루도 사라졌다고 생각하니 도저히 침착할 수가 없었다.

　　'혹시…… 아니, 아닐 거야. 나는 내 아들을 믿어.'

　　마루 아빠는 무슨 나쁜 생각이라도 떨쳐 내듯 크게 고개를 저었다. 때마침 신고를 받은 경찰이 경비정을 타고 날쌔게 다가오고 있었다.

무인도 상륙

　　'뭐가 어떻게 된 거지?'

　　마루는 눈을 떴지만 꿈인지 생시인지 분간이 되지 않았다.

'분명 거대한 파도가 어드벤처호를 삼켰는데……. 다 죽은 건가?'

마루는 엎드린 채로 천천히 주위를 둘러봤다. 여기저기 아이들이 축축 늘어진 채로 널브러져 있는 것이 보였다.

마루는 기운이 다 빠진 손가락을 겨우 움직여 볼을 꼬집어 봤다. 손에 힘이 없어서 아프지는 않았지만 감촉이 느껴졌다. 마루는 다시 힘없이 얼굴을 바닥에 떨어뜨렸다. 그러다 정신이 번쩍 들었다.

'혹시 여기가 책에서만 보던 무인도?'

"형, 혁이 형, 괜찮아?"

마루가 가까스로 몸을 일으켜 마침 바로 옆에 뻗어 있던 혁을 흔들어 봤다.

"으으으으윽……."

혁이 앓는 소리를 냈다. 마루는 일어선 김에 아이들 한 명 한 명에게 다가가 모두 무사한지 확인해 봤다.

"어, 어떻게 된 거야?"

이윽고 정신을 차린 혁이 눈을 뜨고 멍한 표정으로 두리번거렸다. 잠시 후 하나둘 정신이 든 아이들이 혁과 마루 주변으로 모여들었다.

거대한 파도는 소설 『15소년 표류기』에서처럼 어드벤처호를 어느 해안으로 순식간에 밀어 버렸다. 그 순간 아이들은 정신을 잃었으나 다행히 모두 무사했다. 배가 바닷가 모래밭에 처박히는 바람에 튕겨 나가떨어지면서 타박상을 입은 아이들이 몇 명 있기는 했지만 말이다. 모두들 멍한 표정으로 할 말을 잃은 듯했다.

"형, 다운이가 봤다던 그 섬에 온 것 같아."

퍼뜩 풍랑을 만나기 전 배에서 의심을 받았던 일이 떠오른 마루가 슬쩍 눈치를 보며 조심스레 입을 열었다. 그러자 아니나 다를까 두영이 다시 마루를 몰아세웠다.

"우리 할 말이 다 안 끝난 것 같은데!"

하지만 이번에는 혁이 두영을 제지하고 나섰다.

"그만해. 이렇게 된 거 다친 아이들은 없는지 보고 빨리 살 궁리부터 하자. 잘잘못은 나중에 돌아간 뒤에 따져도 늦지 않아."

"그, 그래, 형. 나, 나중에 밝히자."

웬일인지 두영 말이라면 무조건 따르는 시영도 말렸다. 두영이 매우 못마땅한 표정으로 마루를 노려봤다. 마루는 슬며시 눈길을 돌렸다. 죄가 없으니 당당하게 맞서고 싶은데 그게 잘 안 돼 조금 짜증이 났다. 하지만 정의는 언제나 진실의 편이라는 것을 떠올리며 마음을 달랬다.

"근데, 형! 여기 섬 아닐 수도 있어. 육지 끄트머리일 수도 있잖아."

다운이 여전히 토끼 인형을 안은 채 조심스레 말했다.

"오, 똑똑한데! 다운이 말대로 사면이 바다인지 확인해 보지 않으면 육지인지 섬인지 알 수 없어."

시원이 팔짱을 끼며 말을 이었다.

"섬인지 육지인지 알아야 살아남을 방법을 정할 수 있어. 육지면 우리가 찾아가면 되고, 섬이면 구조 신호를 보내야지."

혁이 눈빛을 반짝이며 천천히 고개를 끄덕였다. 머릿속으로 여러 가지 생각들이 오가는 것 같았다. 어느새 아이들은 자연스레 혁을 믿고 따르고 있었다. 모두 혁의 입에서 어떤 계획이 나올지 주의를 기울였다. 하지만 마루는 어떻게 해야 하는지 다 알고 있었다.

"탐험대를 조직해야 해!"

그렇다. 이런 상황에서야말로 진짜 모험을 하고 탐험을 하지 않으면 아무것도 알아낼 수 없다. 아무리 머리를 짜내고, 열띤 토론을 해도 한 번 행동하는 것만 못할 것이다.

"정말 좋은 생각이야. 어때, 혁이 형?"

다빈이 적극적으로 동의하고 나섰다. 그러자 의견이 금세 탐험대를 조직하는 것으로 모아졌다. 누가 탐험대에 들어갈지만 정하면 됐다. 마루, 하준, 정규, 다빈, 두영, 누리, 하늘이 지원했다.

"탐험대엔 대장이 있어야 해."

두영이 다빈을 견제하며 말했다. 당연히 자신이 대장이 돼야 한다는 투였다. 하지만 혁은 이를 모른 척했다. 왜냐하면 지난 학기에 두영도 전교 임원이어서 함께 일을 한 적이 있는데 고집이 세고 편 가르기를 좋아해 결코 리더로는 적합하지 않다고 생각했다. 게다가 두영은 탐험대가 될 수 없었다.

"일단 두영이랑 하늘이는 안 돼."

혁이 둘을 콕 집어 말했다.

"두영이는 아까 보니까 다리를 다친 것 같아. 맞지? 그런 상태로 갔다가는 더 큰 사고가 날 수 있어. 그리고 하늘인 아직 어려."

두영이 얼굴을 찌푸렸다. 마루는 그런 두영을 보며 흐뭇한 미소를 지었다. 함께 가면 두영이 또 추궁할 것 같았기 때문이다.

"누리도 안 돼! 야, 내가 이렇게 다쳤는데 날 두고 가면 완전 배신이야!"

우리가 시퍼렇게 멍든 팔과 허벅지를 보여 주며 누리를 가지 못하게 했다. 이제 탐험대에는 마루, 하준, 정규, 다빈 이렇게 넷만 남았다.

"두 명 더 가는 게 좋겠어. 음, 다운이랑 시원이도 함께 가는 게 어때?"

정규는 다운이 함께 가는 것이 못마땅했지만 마땅히 반대할 이유가 생각나지 않았다.

혁의 설명은 이랬다. 다운이는 관찰력도 뛰어나고 아는 것도 꽤 많은 것 같아 탐험을 할 때 많은 도움이 될 것 같고, 그래도 6학년이 한 명은 가야 안심이 되니 시원도 가야 한다고 했다. 그리고 대장은 다빈이 하기로 했다. 시원이 대장은 절대 안 한다고 했기 때문이다.

"자, 그럼 출발!"

벌써부터 마음이 들뜬 마루가 오른손을 번쩍 들고 소리쳤다.

탐험대

탐험대에게 주어진 임무는 크게 두 가지였다. 하나는 여기가 섬인지 육지인지 확실히 알아내는 것, 또 하나는 보금자리를 찾는 것이었다.

첫 번째 임무를 가장 빠르고 확실하게 수행하는 방법은 높은 산이나 절벽에 올라가 사방을 둘러보는 것이다. 그럼 사면이 바다인지 아닌지 한눈에 확인할 수 있다. 물론 아주 큰 섬이라면 해안을 따라 빙 둘러봐야겠지만 절벽에 올라가서 확인이 안 되는 곳만 찾아가면 될 일이다. 만약 섬이라면 절벽 꼭대기에 연기를 피워 구조 신호를 보낼 수도 있을 것이다. 그리고 절벽을 향해 가다 보면 동굴 같은 곳을 발견할지 모르니 두 번째 임무도 함께 수행할 수 있다.

"자, 탐험대는 이제 저기 보이는 절벽을 향해 출발해. 그동안 우리는

어드벤처호에서 더 챙길 물건은 없는지 조사해 볼게. 그리고 먹을 것도 좀 구해 보고."

혁이 지시한 대로 탐험대는 밧줄과 나침반, 길을 표시할 끈, 쌍안경을 가지고 출발했다. 나침반과 쌍안경은 마루가 챙겨 가지고 왔다. 마루는 준비를 철저하게 한 것 같아 뿌듯했다. 집에서 가방에 챙길 때만 하더라도 엄마가 쓸모없는 것을 무겁게 들고 간다며 잔소리를 했는데, 나중에 엄마를 만나면 자신이 옳았다는 것을 꼭 얘기해야지 생각했다. 먹을 것도 챙겼다. 전날 혁의 말대로 이것저것 챙겨서 배에 오른 것이 천만다행이었다.

나침반에 의하면 절벽은 남남동쪽에 있었다.

"뭐 보이는 게 있어?"

하준이 궁금한 듯 마루 옆에 바짝 붙었다. 왼쪽에서는 하준이, 오른쪽에서는 정규가 쌍안경을 같이 보려고 얼굴을 들이밀었다. 마루는 어깨로 둘을 잠시 밀치고 멈춰 섰다.

"음, 무슨 작은 나무들이랑 바위 같은 게 있는 것 같아."

"아, 진짜? 나도 좀 볼래!"

마루가 하준에게 쌍안경을 건네줬다. 하준은 쌍

안경을 눈에 대고 이리저리 두리번거렸다. 그다음 차례는 정규였다. 셋은 쌍안경 놀이라도 하듯 번갈아 가며 돌려 봤다.

시원이 이런 셋을 한심한 듯이 바라보며 주의를 줬다.

"셋이 뭐 하냐? 나무 있고 바위 있는 게 무슨 큰 발견이라고. 그냥 눈앞이나 잘 보고 걸어라. 그러다 어디……."

"으악!"

하준이 갑자기 소리를 질렀다. 뱀이라도 나타난 줄 알고 모두 걸음을 멈췄다. 그런데 알고 보니 하준이 시원의 말대로 앞을 보지 않고 걷다가 움푹 팬 진흙탕에 오른쪽 다리가 종아리까지 푹 빠져 버렸던 것이었다.

"거봐. 조심하라니까."

하준은 울상을 지으며 쌍안경을 마루에게 돌려줬다. 그러고는 다시는 쌍안경을 빌려 달라고 하지 않았다. 정규도 하준을 보며 주춤했다. 하지만 마루는 계속 쌍안경으로 주변을 관찰하며 걸었다.

"조심해!"

다운이 마루의 팔을 확 낚아채 멈춰 세웠다.

"아, 고마워."

하마터면 돌부리에 걸려 넘어질 뻔했다. 그래도 마루는 눈에서 쌍안경을 떼지 않았다.

그러다 결국 일이 터지고 말았다.

"마루야!"

이번에도 관찰력이 좋은 다운이 마루를 불러 세웠지만 한발 늦었다. 이미 마루는 벌집 위를 내딛고 있었다. 그 순간 윙윙 소리와 함께 벌떼가 마루의 몸을 사정없이 공격하기 시작했다.

"으악, 사람 살려!"

"오른쪽에 물이 있는 것 같아. 빨리 달려!"

다빈이 대장답게 바로 지시를 내렸다. 마루는 쌍안경을 내팽개치고 냅다 달리기 시작했다. 아이들은 벌들이 되돌아와 자신들도 공격할까 봐 조금 흩어져서 천천히 주변을 둘러보며 마루를 뒤따라갔다. 그러면

서도 길을 표시하기 위해 나뭇가지에 끈을 묶는 일을 잊지 않았다.

　아이들이 냇가에 도착했을 때 마루와 벌떼의 전투는 다행히 끝나 있었다. 마루는 벌떼가 떠날 때까지 물속에 잠수해 있느라 옷이 다 젖어 버렸다.

　"거봐. 아까 시원이 형이 말했을 때 그만뒀어야지. 너는 꼭 말 안 듣다가 사고 내더라."

　정규가 꼴좋다는 듯이 마루를 위아래로 훑어봤다. 정규가 약을 올려서 마루는 기분이 좋지 않았다. 다운이 가방에서 수건을 꺼내 마루에게 건넸다. 마루는 정규 보란 듯이 큰 소리로 다운에게 고맙다고 말하며 수건을 받아 얼굴을 벅벅 닦았다. 예상대로 정규가 이 모습을 못마땅한 표정으로 바라봤다.

　"얘들아, 저기 동굴이 있어."

　모두 다빈이 가리키는 쪽을 봤다.

생명을 살리려면 1분, 1초가 아까워!

구급약품과 응급 처치법

    탐험할 때 쌍안경을 챙기는 것도 좋지만 구급약품이 가장 중요해. 야외 활동을 할 때는 병원에 가기가 쉽지 않아서 다치거나 사고가 나면 빨리 응급 처치를 해야 하거든.

    사실 벌떼를 만났을 때는 움직이지 않는 것이 최선이야. 도망가 봤자 금방 따라잡힐 테니까. 벌떼가 스스로 물러나면 응급 처치로 벌침을 제거하면 돼.

    이번에는 응급 처치법을 간단히 알아볼까? 하지만 정보를 읽기만 해서는 정확히 알 수 없어. 일단 어떤 경우가 있는지 알아보고, 나중에 꼭 소방서나 소방학교에서 응급 처치 교육을 받으렴. 그리고 응급 처치는 말 그대로 응급 처치일 뿐 완전한 치료는 아니야. 그래서 119에 연락하고 병원에 가는 것을 잊으면 안 돼.

응급 처치 재료 및 도구

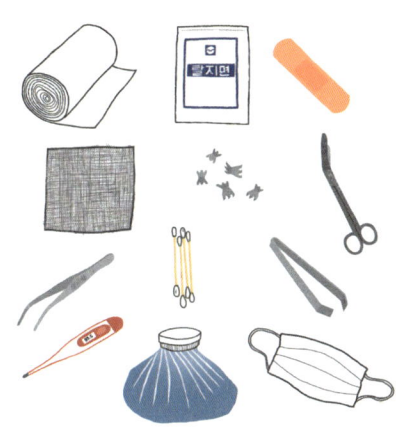

- 붕대, 탈지면, 반창고, 거즈, 가위, 핀셋, 체온계, 얼음주머니 등

구급약품

- 해열진통제, 상처 연고, 물파스, 파스, 소독약, 안약, 소화제 등

화상을 입었을 때

- 흐르는 찬물 속에 화상 부위를 10~30분 정도 담가 화기를 식혀.
- 물집은 터뜨리지 말아야 해.
- 상처 부위는 깨끗하고 균이 없는 거즈로 덮어.
- 상처 부위에 로션이나 연고를 함부로 바르면 안 돼.
- 옷 아래에 화상을 입어도 함부로 옷을 벗기면 안 돼.
- 응급 처치 후 환자를 병원으로 옮겨.

일사병이 발생했을 때

- 일사병은 오래 햇볕을 쬐거나 더운 곳에서 열심히 활동했을 때 어지럽고 토할 것 같은 증상을 보여.
- 환자를 시원한 곳으로 옮겨 편안한 자세로 눕힌 뒤 부채질을 해 주거나 이온 음료나 물을 주면 돼.(단, 의식이 없으면 마실 것을 주면 안 돼.)
- 의식이 없는 경우 병원으로 옮겨야 해.

열사병이 발생했을 때

- 열사병은 고온 다습한 곳이나 공기가 통하지 않는 닫힌 곳에서 오래 있을 때 피부가 뜨겁고 건조해지면서 붉어지는 증상이야. 일사병보다 훨씬 위험해.
- 환자를 시원한 곳으로 옮겨 옷을 벗기고 젖은 수건이나 담요를 덮어 준 뒤 부채질을 해 줘. 꼭 체온을 내려 줘야 해.
- 빨리 병원으로 옮겨 치료를 받게 해야 해.

뱀에 물렸을 때

- 물린 부위를 심장보다 낮게 한 뒤 상처를 비누와 물로 씻어.
- 환자에게 함부로 음식이나 물을 주면 안 돼.
- 물린 부위에서 심장 쪽으로 10센티미터 위쪽에, 폭 2센티미터 이상의 넓은 끈이나 천으로 손가락 하나가 들어갈 정도로 묶어서 독이 심장으로 가지 않게 해야 해.
- 입에 상처가 없는 사람은 독을 빨아 뱉어 낼 수 있어.
- 환자가 어지러워하면 반듯하게 눕히고, 토할 것 같으면 몸을 옆으로 기울여 줘.

벌에 쏘였을 때

- 벌침을 신용카드로 살살 긁어서 제거한 뒤 비누와 물로 씻어. 잘못하면 오히려 벌침을 밀어 넣을 수도 있으니 주의해.
- 통증이 심할 때 얼음주머니를 대 주면 조금 나아져.
- 환자를 반듯하게 눕히고 먹을 것을 주지 말아야 해.

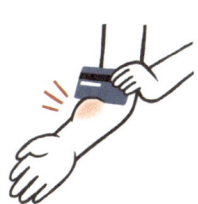

숨이 가빠지고 가슴이 아플 때

- 심한 운동을 하거나 갑자기 스트레스를 받으면 답답하고 숨 쉬기가 힘들어질 수도 있어. 이때 숨을 쉬려고 헉헉대다가 더 위험해질 수 있으니 안정을 취하는 것이 중요해.
- 자리에 똑바로 눕힌 후 꽉 조이는 옷을 느슨하게 해서 편안한 상태가 되도록 해 줘.
- 천천히 심호흡을 하도록 유도해. 코로 숨을 들이쉬게 했다가 입을 오므려 천천히 내쉬게 해.
- 증상이 심하면 비닐봉지를 코와 입 가까이에 대 그 속에서 호흡을 하게 해. 너무 가까이 대면 안 돼.
- 섣불리 인공호흡을 하면 안 돼.

구조가 될 때까지는

절벽을 찾아서

다빈이 발견한 동굴은 절벽에 올라갔다가 내려오면서 다시 살펴보기로 했다. 우선은 절벽으로 오르는 길을 찾는 것이 중요했다. 해가 벌써 머리 꼭대기에 떠 있었기 때문이다. 어두워지면 돌아가는 길이 험난해질 것이 뻔했다.

"형, 아까 개울이 있다는 걸 어떻게 알았어?"

마루가 다빈 옆에 가서 물었다.

"졸졸졸 물 흐르는 소리가 들렸잖아. 못 들었어?"

마루는 듣지 못했다. 쌍안경에 정신이 팔려서 정작 봐야 할 것도 보지 못하고, 다들 듣는 소리도 듣지 못했다. 하지만 상관은 없었다. 그래도 마루 덕분에 개울로 오는 바람에 동굴을 발견할 수 있었으니까. 여기를 새 보금자리로 쓰면 됐다.

"이 위로 올라가면 절벽 꼭대기에 갈 수 있을 것 같아."

다빈이 가리키는 쪽을 눈으로 쭉 훑어보니 절벽으로 가는 길이 보였다. 덤불이 무성하지만 그래도 가파르지 않아 그리 위험할 것 같지 않았다. 여섯 아이가 줄지어 오르기 시작했다.

"아까는 정말 두 번이나 고마웠다."

어쩌다 보니 다운과 나란히 걷게 된 마루가 다운에게 다시 고마움을 전했다. 이제부터는 정규 눈치를 보지 않고 다운과 편하게 얘기를 나눌 작정이었다. 다운이 그 반에서 따돌림을 당한다고 마루까지 그래야 할 필요는 없었다.

'친구를 사귀는 데에 왕따고 뭐고가 무슨 상관이람. 서로 도움을 주고받으면 그게 친구인 거지.'

"아, 나도 고마워. 배에서 그렇게 말해 줘서."

다운은 배 안에서 마루가 자기편을 들어 준 것이 정말 고마웠던 모양이었다. 사실 마루는 지푸라기라도 잡고 싶은 마음에 다운의 말을 들어 보자고 한 건데 고맙다는 말을 들으니 괜히 멋쩍었다.

"근데 그 인형은 뭐야? 애들이 놀리는데 왜 갖고 왔어?"

마루는 다운의 허리춤에 걸린 토끼 인형을 가리켰다.

"아, 이거? 창피하긴 한데, 없으면 맘이 안 놓여서. 어렸을 때 엄마가 일 다녀서 할머니랑 살았거든. 그때 엄마가 생일 선물로 준 건데 옆에 있어야 맘이 편해."

다운은 생각보다 말을 조곤조곤 잘했다. 마루와 애기를 나눠서 기분이 좋은지 온갖 동물 울음소리 묘기도 보여 줬다. 그중 늑대 울음소리는 동물 다큐멘터리에서 본 것이랑 똑같아 꽤 무서웠다. 이런 다운이 어린애 같기도 했지만 그렇다고 이상하거나 잘못됐다는 생각은 들지 않았다.

"어휴, 이제 다 올랐네. 이 형아 다리 다 부러지겠다."

시원이 후들거리는 다리를 주체하지 못해 털썩 주저앉으며 숨을 몰아쉬었다.

다운도 숨이 찬지 허리를 숙이고 헉헉댔다. 하지만 마루는 거뜬했다. 마루는 얼른 쌍안경을 꺼내 들었다.

"이 형이 먼저 좀 볼게."

다빈이 마루에게 손을 내밀었다. 마루는 아까 일도 있고 해서 아무 말 없이 다빈에게 쌍안경을 건넸다. 마루는 먼저 보지 못해서 조금 아쉬웠지만, 그래도 쌍안경을 챙겨 온 일이 도움이 되는 것 같아서 뿌듯하고 기분이 좋았다.

"이런! 어떡하지? 바다밖에 안 보이네. 아무래도 섬인 것 같아. 그것도 꽤 작은 섬!"

"뭐? 그럼 무인도란 말이야?"

시원이 다빈이 말한 '꽤 작다'는 말의 뜻을 얼른 알아채고 한숨을 쉬며 말했다. 하지만 마루는 '무인도'라는 말이 운명처럼 느껴졌다. 오랫

동안 꿈꿔 왔던 모험이 드디어 마루를 찾아온 것이다.

"정말이야, 형? 무인도야? 쌍안경 좀 줘 봐. 대박!"

쌍안경으로 사방을 둘러본 마루의 입에서 저도 모르게 감탄사가 튀어나왔다.

"야, 너 정말 두영이 형 말처럼 수상해. 무인도에 표류한 게 뭐가 좋다고 난리냐?"

정규가 톡 쏘아붙였다. 하준도 마루를 조심시키려는 듯 옷소매를 잡아당겼다. 마루는 정규가 왜 저러는지 알 것 같았지만 대꾸하지 않았다. 괜히 싸움이 나면 마루에게 득 될 것이 하나 없었기 때문이다.

"넌 또 왜 트집이냐? 그만 좀 하자."

시원이 눈살을 찌푸리며 정규를 말렸다.

"밥이나 먹자. 내려가는 길에 동굴도 가 보려면 바빠."

아이들은 다 같이 둘러앉아 간식을 먹기 시작했다. 봉지에 잘 싸여 있어서 그 폭우에도 다행히 음식이 젖지 않고 안전하게 보관돼 있었다. 빵, 과자, 소시지가 모습을 드러내자마자 순식간에 아이들의 입속으로 사라졌다.

내려와서 다시 동굴을 살펴봤다. 원시인이 살았는지 식인종이 살았는지 아니면 해적이라도 살았는지 모르겠지만 동굴은 열다섯 명의 아이들이 지내기에 적당한 크기였다. 게다가 앞으로 냇물이 흐르고 배가 있는 바닷가에서도 멀지 않아 다니기에 편할 것 같았다.

공동생활 규칙

"탐험대가 보고 온 바로는 이곳은 섬이야. 우리가 언제 구조될지 알 수 없어. 그러니 내 말 모두 잘 들어."

혁이 동굴에 모인 열네 명의 아이들을 둘러보며 진지하게 말했다.

"우리가 지내기에 적당한 동굴을 발견했어. 오늘부터 동굴 생활을 시작할 거야. 유람선 안이 더 좋기는 한데 어제처럼 태풍이 불면 바닷가여서 너무 위험해. 아무래도 함께 잘 지내려면 법이 있어야 할 것 같아. 일종의 공동생활 규칙이지."

혁의 말에 아이들은 모두 고개를 끄덕였다. 배 안이 아이들에게 편하고 익숙했지만 어젯밤 배를 집어삼킬 것 같았던 태풍이 또 온다면 큰일이었다. 무엇보다 혹시 지나가는 배가 보이면 당장 구조 신호를 보내야 했다. 그래서 누가 먼저랄 것도 없이 어드벤처호를 떠나는 데 동의했다. 아이들은 힘을 합쳐 배 안의 쓸모 있는 물건들과 옷가지, 이불 등을 동굴로 옮겼다.

몇 시간의 회의를 거쳐 드디어 '공동생활법'이 만들어졌다.

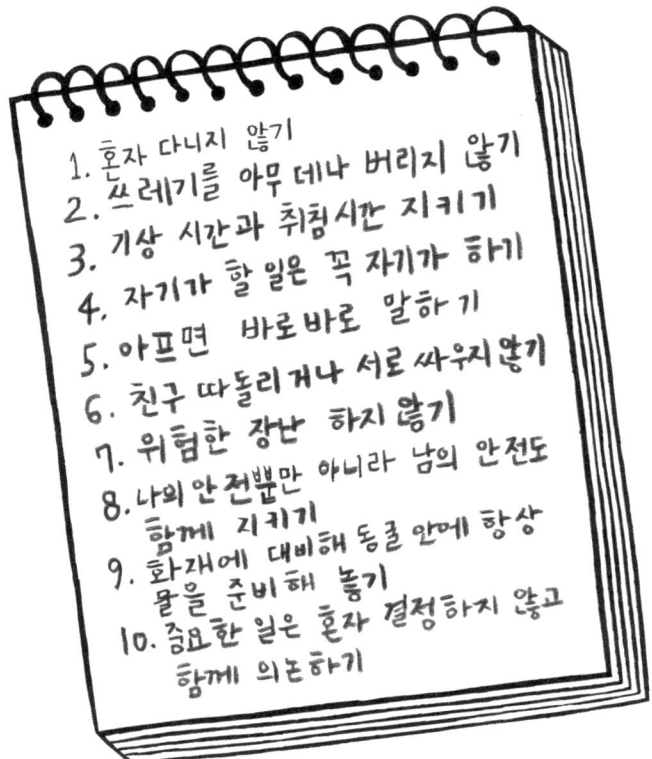

혁이 법을 하나씩 다 읽으며 어떻게 지켜야 하는지 설명해 줬다.

"이 법들 중에선 8번이 가장 중요해. 항상 주의해서 모두의 안전을 지키자."

일을 좀 더 효율적으로 하기 위해 부서를 정하자는 의견이 나왔다. 그 전에 대장과 부대장을 먼저 뽑기로 했다.

만장일치로 대장은 혁이 됐고, 투표를 통해 부대장은 다빈이 됐다. 모두들 축하를 해 줬지만 두영만큼은 아주 떨떠름한 표정이었다. 그도 그럴 것이 부대장 후보에 올랐지만 떨어졌기 때문이다. 두영은 딱 세 표밖에 얻지 못했다. 마루는 그 세 표가 누구누구의 것인지 알 것 같았다. 언제부터인가 정규가 두영과 시영 곁에서 속닥거리며 함께 다녔다. 마루는 조금 신경이 쓰였지만 그냥 모른 척했다.

"그럼 부서는 탐험부, 관리부로 나누는 게 어떨까?"

혁이 의젓하게 회의를 진행했다.

"요리를 맡아서 하는 사람도 있어야 해. 지난번 혁이 네가 한 음식은 정말 못 먹겠더라. 요리도 재능이거든."

시원이 구역질하는 시늉을 해 보이자 아이들이 오랜만에 동굴이 떠나갈 것처럼 크게 웃었다.

"좋아, 인정! 그럼 요리부는 시원이가 맡고, 탐험부는 다빈이가 지난번에 탐험대를 이끌었으니까 다빈이가 맡아. 그리고 관리부는 두영이가 맡는 것이 좋겠다. 그럼 각자 원하는 부서를 말해 봐."

★ **탐험부(구조 신호, 사냥)**
 고다빈, 안마루, 정다운, 김하준, 변정규

★ **관리부(도구 관리, 청결 및 안전 관리)**
 마두영, 마시영, 이우리, 이누리, 강하늘

★ **요리부(음식 조리)**
 김시원, 윤승우, 하지율, 진윤

지율을 뺀 3학년 아이들 셋이 모두 탐험부에 들겠다고 잠깐 야단을 떨었지만 비교적 순조롭게 부서가 정해졌다.

부서까지 정해지자 아이들은 더욱 빠르게 무인도 생활에 적응해 갔다. 이 점은 아이들 스스로도 놀라워했다. 관리부의 우리와 누리가 사냥 도구를 만들면 탐험부의 아이들이 이것을 이용해 작은 동물을 잡아 왔다. 나뭇가지와 풀로 얼기설기 만든 물고기잡이 통으로 개울에서 물고기를 제법 많이 잡기도 했다.

두영은 관리부가 된 것이 처음부터 마음에 들지 않았지만 알레르기가 있어서 숲을 자유롭게 다닐 수 없었다. 아무 식물이나 모르고 만졌다가 온몸에 두드러기가 날 수도 있었기 때문이다.

반면 마루는 드디어 소원을 풀었다. 탐험부라는 이름 아래 숲을 맘껏 헤집고 다녔다. 나갔다 오기만 하면 팔이나 무릎에 작은 멍이 들어 오기는 했지만 새를 잡아 오거나 열매 같은 것을 꼭 따 왔다. 가족에게 구박받는 '조심성 없음'이 무인도 생활에서는 꽤 빛을 봤다. 마루가 조심성이 있었다면 아주 중요한 물건을 발견하지 못했을 것이다.

표류 3일째 되던 날, 마루는 다시 탐험 임무를 맡았다. 이번에는 탐험부인 마루, 하준, 정규와 관리부 두영, 시영이 함께 갔다. 하지만 역시 두영은 숲으로 들어가자마자 두드러기가 나 돌아가야 했다. 그런데 두영이 돌아간 뒤 시영이 흩어져서 탐험하자고 말했다. 그래서 마루와 하준, 시영과 정규는 짝을 이뤄 서쪽과 동쪽을 탐험하기로 했다.

마루와 하준은 서로 간섭하지 않고 자유롭게 탐험을 즐겼다. 서쪽 해

안은 돌투성이였다. 큰 바위도 많아 어드벤처호가 이쪽으로 밀려왔다면 박살 날 뻔했겠다는 생각이 들 정도였다. 하지만 마루는 바위 위를 겁도 없이 뛰어다니며 신기한 것이 없나 구석구석 살폈다. 그러다 반짝이는 물건 하나가 마루 눈에 띄었다.

"하준아! 여기 라이터가 있어!"

어째서 라이터가 있는지 마루와 하준은 고개를 갸웃거렸지만 일단 가지고 가기로 했다. 음식을 직접 해 먹어야 하는 상황에서 손쉽게 불을 피울 수 있는 라이터는 무척 쓸모 있는 물건이었기 때문이다. 이번에는 마루 덕분에 음식 문제까지 해결할 수 있게 됐다. 마루는 무인도 생활이 적성에 아주 딱 맞는 것 같았다.

대형 사고

마루의 자신감이 점점 하늘을 찔러 갔다. 어떤 행동을 해도 크게 다치지 않았고, 누구에게도 그리 주의를 듣지 않았기 때문이다. 게다가 오늘은 특별 임무까지 맡았다. 다빈 대신에 탐험대 임시 대장으로 임명된 것이다.

"오늘은 탐험을 쉬어야겠어. 어제 소나기를 맞아서 그런지 나도 그렇고 정규랑 다운이도 몸이 안 좋아. 하지만 식량은 구해야 하니까 숲에 가서 덫 좀 살피고 와."

마루는 하준과 하늘, 승우를 데리고 신나게 동굴을 나섰다. 하늘과 승우가 다빈을 조르고 졸라 따라가도 된다고 허락을 받았다.

"너희들! 오늘은 내가 대장이니까 내 말 잘 들어. 알겠지?"

"알겠습니다!"

사실 마루는 특별히 지시할 사항이 없었지만 승우와 하늘에게 이것저것 시켜 봤다. 예를 들어 저기 나무 위에 있는 열매를 따 와라, 납작한 돌을 주워 와라, 물병에 물을 채워 와라 하는 식이었다. 하지만 하늘과 승우는 아무런 불평 없이 아주 신나게 마루의 명령을 따랐다.

"형, 우리 이따가 돌아갈 때 저기서 수영하고 가면 안 돼?"

하늘이 물이 제법 가득 채워진 개울을 가리키며 기대에 찬 얼굴로 물었다.

"안 돼! 특별법 몰라? 비가 온 다음 날은 수영 금지야! 물이 불어서 위험하단 말이야."

하준이 바로 반대했다. 하늘과 승우는 마루를 쳐다봤다. 마루의 눈동자가 반짝이고 있었다.

"에헴, 오늘은 내가 대장이니까 내가 결정하겠어. 너희가 잘하면 원하는 걸 들어줄게. 원래 회사에도 휴가 같은 게 있으니까."

"야호!"

하늘과 승우는 더욱 빠르게 몸을 움직였다. 물론 마루가 시키는 엉뚱

한 일들을 하느라 말이다. 정작 덫에 걸린 동물이나 새는 없었다.

"에이, 오늘은 빈손이다. 하지만 고생했으니까 특별 휴가를 주겠다!"

마루는 하늘과 승우에게 찌릿 눈빛을 보냈다. 하늘과 승우는 신나서 고함을 지르며 잽싸게 개울로 뛰어갔다. 비가 와서 그런지 전보다 물이 두 배는 불어 있는 것 같았다. 전에는 들어가면 아주 깊어야 허리 정도까지였는데, 오늘은 가장 키가 큰 시원의 키도 넘을 것 같았다.

"아이, 진짜! 그럼 너희들, 저 안쪽은 깊을 것 같으니까 요 앞쪽에서만 수영해."

하준도 막상 나무 그림자가 선명하게 비치는 푸른빛 물을 보니 뛰어들고 싶었는지 못 이기는 척 허락을 했다.

넷은 입고 있던 옷을 훌러덩 벗어 던지고 속옷만 입은 채로 물속으로 풍덩 들어갔다.

"와, 바로 이 맛이야! 역시 형들 눈이 없으니까 완전 자유다. 우리 시합할래?"

한참 서로 물장구를 치며 놀다가 마루가 중간쯤 있는 바위를 가리키며 장난스럽게 눈짓을 했다.

"좋아, 형! 지는 사람이 소원 들어주기다!"

하늘이 자신 있다는 듯 내기를 걸었다. 바위를 찍고 먼저 돌아오는 사람이 이기는 것으로 하기로 했다. 출발 구호가 떨어지자 아이들은 저마다 수영 실력을 뽐내며 전속력으로 물살을 갈랐다.

"내가 1등!"

다섯 살 때부터 꾸준히 수영을 배워 온 하늘이 제일 먼저 들어왔다. 그다음 하준, 3등은 승우였다. 4등은 당연히 아직 바위까지 가지도 못한 마루였다. 그런데 무슨 일인지 마루가 보이지 않았다.

"안마루! 장난치지 말고 빨리 나와! 너 꼴찌여서 창피해서 그러는 거지?"

하준은 처음에 마루가 장난을 치는 줄 알았다. 마루는 그러고도 남으니까 말이다. 그런데 아무리 기다려도 마루의 모습이 보이지 않았다. 하준은 이상해서 심장이 쿵쾅거렸다.

"얘들아, 빨리 가서 형들 불러!"

하늘과 승우가 허겁지겁 옷을 주워 입고 동굴을 향해 빛의 속도로 뛰었다. 잠시 후 소식을 들은 혁과 시원, 두영이 왔다. 다빈도 열이 나서 발그레한 얼굴을 하고 뒤따라왔다.

"뭐가 어떻게 된 거야? 마루는 어디 있는 건데?"

혁이 굉장히 화난 얼굴로 하준을 봤다. 하준은 눈물이 그렁그렁 맺힌 눈으로 떠듬떠듬 상황을 말했다.

"뭐라고? 너희들 머리가 어떻게 된 거 아냐?"

혁이 버럭 소리를 질렀다. 하준과 다빈이 어쩔 줄 몰라 하며 고개를 떨궜다.

두영이 다빈을 힐끗 봤다. 왠지 고소했다. 어찌 됐든 마루는 탐험부이고, 오늘 임무를 맡긴 것은 다빈이니까 다빈이 꼭 책임을 져야 한다고 생각했다.

'내가 탐험부 대장을 맡겠다고 할까?'

두영은 두드러기가 올라오는지 몸을 비비 꼬았다.

"혁아, 진정해! 일단 마루부터 구하자. 어, 저기 물아래 뭐가 있는 것 같아."

시원이 아까부터 개울을 살피다가 살구색 물체가 떠오르는 것을 발견하고 손가락으로 가리켰다.

"안마루!"

혁이 눈 깜짝할 사이에 물속으로 뛰어들었다.

10배 더 즐거워지는 물놀이를 위해서!

물놀이 안전 수칙

즐겁게 놀기 위해 꼭 알아야 할 물놀이 안전 수칙, 사고 예방법과 대처법을 알려 줄게. 참, 물놀이 안전사고가 발생하면 119로 신고해!

물놀이 기본 10가지 안전 수칙

❶ 수영을 하기 전 준비 운동을 해야 해. 안 그러면 경련(쥐)이 일어날 수 있어.
❷ '다리 → 팔 → 얼굴 → 가슴' 순으로 차근차근 물을 적시며 들어가고 구명조끼를 입는 것이 좋아.
❸ 수영할 때 몸에 소름이 돋고 뻣뻣해지는 느낌이 나면 밖으로 나와 몸을 따뜻하게 감싸고 쉬어야 해.
❹ 물의 깊이는 다 달라서 갑자기 깊어지는 곳을 확인하고 주의해야 해. 깊이를 모르면 배꼽 이상 깊이에 들어가면 안 돼.
❺ 건강이 안 좋거나 피곤할 때, 배가 고프거나 밥을 먹은 바로 다음에는 수영을 하면 안 돼.
❻ 수영을 잘한다고 멀리 가거나 깊은 곳에 가면 큰일 날 수 있어.
❼ 오래 수영하지 말고, 호수나 강에서 혼자 수영해도 안 돼.
❽ 물에 빠진 사람을 발견하면 소리쳐 주위에 알리고 즉시 119에 신고해.
❾ 구조 경험이 없는 사람은 섣불리 구조에 뛰어들어서는 안 돼.
❿ 수영에 자신이 있어도 스티로폼이나 장대를 이용해 안전하게 구조를 해야 해.

물놀이 사고 예방법과 대처법

❶ **수초에 감겼을 때**: 절대 발버둥 치지 말고 잠시 물 흐름에 맡겨 수초가 헐거워질 때 서서히 부드럽게 팔과 다리를 움직여 풀면 돼.

❷ **수영 중 경련이 일어났을 때**: 몸의 힘을 빼서 자세를 편하게 한 뒤 쥐가 난 부위를 주무르면 돼.

❸ **하천이나 계곡 물을 건널 때**: 시선을 건너편 강둑에 둔 뒤 막대기 등을 이용해 수심을 재며 건너고, 물결이 세지 않은 곳을 선택해 바닥을 끌듯이 건너면 돼. 물결이 셀 때는 약간 거슬러 이동해.

❹ **무릎 이상의 급류를 건널 때**: 건너편 하류 쪽으로(아래쪽 대각선 방향) 로프를 설치하고 한 사람씩 건너는데, 로프가 없으면 여러 사람이 손으로 어깨를 지탱해 물 흐르는 방향과 나란히 서서 건너면 돼.

❺ **물에 빠졌을 때**: 물의 흐름에 몸을 맡긴 뒤 비스듬히 헤엄쳐 나와야 해. 옷도 입고 신발도 신은 채 빠졌으면 새우등 뜨기 자세를 취한 뒤 벗기 쉬운 것부터 차례로 벗고 헤엄쳐 나와.

❻ **보트를 타다가 떨어졌을 때**: 보트를 탈 때는 반드시 구명조끼를 입어야 해. 물에 빠지면 바로 수면으로 올라와 배를 붙잡아야 해. 그런 뒤 숨을 고른 다음 몸을 솟구쳐 윗몸부터 배에 올려놓으면 돼.

❼ **계곡에서 야영지를 고를 때**: 물이 흘러간 가장 높은 흔적보다 위쪽으로 정하고, 대피할 수 있는 고지대와 대피로가 확보된 곳이어야 해.

5장
사고는 누구의 책임?

엄마 탓, 아빠 탓, 할머니 탓, 누나 탓

마루 엄마는 마루가 사라진 것을 알고 있을까? 교장 선생님이 캠프장에 도착하고 난 뒤 어드벤처호에 탄 아이들을 비롯해 캠프에 참가한 모든 아이들의 부모님에게 연락이 갔다.

"네? 우리 마루도요? 말도 안 돼……."

마루 엄마는 전화를 받자마자 온몸이 마비가 된 듯 그 자리에 털썩 주저앉고 말았다.

"엄마, 왜 그래요? 무슨 일이에요?"

연지가 깜짝 놀라 쓰러지려는 엄마를 부축했다.

"이러고 있을 때가 아니야. 빨리 마루한테 가야 돼!"

잠시 후, 마루 엄마와 할머니, 연지는 캠프장으로 가는 택시 안에 있었다. 셋은 서로 눈치만 볼 뿐 아무 말도 하지 않았다. 얼마나 울었는지 눈이 퉁퉁 부어서 서로의 얼굴이 잘 보이지도 않는 것 같았다. 한참 뒤 마루 할머니가 입을 열었다.

"이게 다 이 못난 핼미 탓이여. 우리 마루가 죽으면 내도 그 바다에 빠져 확 죽어 불랑께."

"어머니! 무슨 그런 말씀을 하세요? 마루가 죽긴 왜 죽어요?"

연지는 두 분 사이에 무겁고 답답한 기운이 감도는 것을 느꼈다. 엄마는 말은 그렇게 했지만 할머니를 원망하는 것 같았다. 할머니 역시 엄마 마음을 모르지 않는 눈치였다.

"에미, 지금 내 원망하는 거 안당께. 다 내 탓이여, 다 내 탓이여!"

엄마는 아무 말도 하지 않았다. 할머니를 원망해서가 아니라 자기 자신 때문이었다. 마루 엄마의 마음속 깊은 곳에서는 어느새 할머니 탓도 아빠 탓도 아닌 자기 탓이라는 죄책감이 자라기 시작했다. 직접 겪어 봐야 한다는 할머니의 말이 아무리 그럴듯해도 자신이 도장을 찍지 않았으면 됐다. 아빠가 함께 가니 안전하다고 안심시켰어도 역시 자신이 도장을 찍지 않았으면 됐다.

'캠프 참가 신청서에 도장을 찍은 건 바로 나니까.'

마루 엄마는 입술을 질끈 깨물며 눈을 꾹 감았다.

연지는 뭐가 어떻게 된 것인지 생각을 정리하려고 애썼다. 마루가 캠프에 가고 사고가 났다. 아니, 사라졌다. 지금 마루가 죽었는지 살았는지 몰랐다. 칠칠하지 못하고 산만하다고 매일 마루를 야단만 쳤다. 사실 연지도 마루의 사고 앞에서 고개를 들 수 없었다. 왜냐하면 할머니처럼 큰코다쳐 봐야 정신을 차릴 거라고 생각했기 때문이다. 정말 이런 생각들 때문에 마루에게 큰일이 일어난 걸까?

택시가 멈췄다. 셋은 서둘러 내렸다. 모래주머니라도 찬 것처럼 발이 무거웠으나 서두르지 않을 수 없었다. 연지는 아빠를 찾았다. 하지만 주황색 옷을 입은 아저씨들이 너무 많아서 쉽게 찾을 수 없었다.

"연지야!"

그때 연지 등 뒤에서 아빠 목소리가 들렸다. 그새 목이 다 쉬었는지 가뭄 든 땅처럼 쩍쩍 갈라진 소리였다.

"아빠!"

연지는 아빠를 보자 다시 눈물이 팡 터졌다. 네 식구는 누가 먼저랄 것도 없이 만나자마자 부둥켜안았다.

"모두들 걱정 말아요. 우리가 꼭 찾아낼 거야."

"걱정 안 해요. 당신 믿어요."

"아범, 미안혀."

"어머님, 누구의 잘못도 아니에요. 사고는 언제든 누구에게나 일어날 수 있는 거예요."

마루 아빠는 가족을 다독였다. 마루가 없어진 데 대해 서로 탓을 할 수도 있었지만, 오히려 가족이라는 이름으로 더 똘똘 뭉치고 감쌀 수 있었다. 지금은 모두에게 믿음과 희망을 주는 것이 최선이었다. 그 마음으로 구조에 힘써야 했다.

"소방관님, 한 어선에 신호가 잡혔답니다. 아무래도 어드벤처호인 것

같아요."

"아, 정말이에요?"

마루 아빠의 얼굴에 희망의 빛이 스쳤다. 마루 아빠는 가족들을 남겨 두고 급히 임시 상황실로 달려갔다.

마루 엄마는 멀어지는 마루 아빠의 뒷모습을 보며 기도하듯 두 손을 꼭 모아 쥐었다.

'마루야, 이제 엄마를 만날 수 있을 거야. 살아만 있어.'

진실과 책임

마루는 엄마의 목소리를 들은 것 같았다. 아빠와 할머니, 누나의 목소리도 들린 것 같았다. 마루를 걱정하고 야단치는 소리들이었다. 반대로 힘내라고 위로하고 용기를 주는 소리들. 하지만 몸이 점점 가라앉았다. 물속에 잠긴 후 얼마나 시간이 흘렀는지 모르겠다. 백 년도 더 지난 것처럼 느껴졌다.

마루는 사람이 이렇게 가장 즐거운 때 죽을 수도 있구나 하는 생각이 들었다. 엄마한테 잘못했던 일들이 한꺼번에 떠오르기 시작했다. 엄마 말을 듣지 않고 속 썩인 일들 때문에 눈물이 났다. 죽을 때 죽더라도 미안하다고, 사랑한다고 말하고 싶었다. 이 두 가지 얘기를 하지 못하고 죽을 것 같아서 속상하고 억울했다.

처음에는 정말 장난이었다. 물에 빠진 것처럼 바위 아래 숨어 있다가 뒤 늦게 떠올라 아이들을 놀래 줄 작정이었다. 그런데 갑자기 쥐가 났다. 전혀 예상하지 못했던 일이었다. 아이들이 팔다리를 첨벙거리며 뭍을 향해 앞으로 쭉쭉 뻗어 나갈 때 마루는 점점 깊은 곳으로 가라앉았다. 손과 발을 허우적댔지만 그럴수록 몸은 늪에 빠진 것처럼 아래로 더 깊숙이 빨려 들어갔다.

순간 마루는 아빠가 했던 물놀이 안전 교육이 떠올랐다. 쥐가 나서 물에 빠지면 어떻게 해야 하는지 시범까지 보여 줬다. 마루는 마지막 기운을 쏟아 정신을 집중했다. 아빠 목소리가 들리는 것 같았다.

'발바닥을 젖히라고 했지? 발등을 정강이 쪽으로 천천히……'

마루는 몸에 힘을 빼고 천천히 아빠 목소리를 따라 쥐가 난 발을 두 손으로 잡고 앞으로 구부려 봤다. 정말로 서서히 쥐가 풀리는 것 같았다. 몸이 천천히 떠올랐다. 누군가 자신을 부르는 목소리도 들렸다.

"안마루! 정신 차려!"

다시 얼마쯤 시간이 지났을까. 마루는 아이들의 목소리에 동굴에 와 있음을 알았다. 어떻게 돌아왔는지 어렴풋이 떠올랐다. 혁이 마루를 구하고 하준과 다빈이 양옆에서 부축했던 것 같았다. 두영도 보였던 것 같은데, 마루를 향해 이상한 웃음을 흘렸던 것 같았다.

"이제 책임을 물어야 하지 않아?"

두영 목소리였다. 인정사정 봐주지 않을 것처럼 날카로웠다. 마루는

다시 잠이 든 척 눈을 감았다. 동굴 안에 흐르는 차가운 기운이 마루의 마음을 무겁게 눌렀다.

"맞아. 이번 일은 그냥 넘어가면 안 돼."

정규가 더 흥분을 했다.

"부대장을 그만둘게. 모두에게 정말 미안해. 그런 일이 일어날 줄은 정말 상상도 못 했어."

다빈이 떨리는 목소리로 침통하게 말했다.

"예상을 못 했다고? 마루는 우리를 여기 오게 한 장본인이야! 걔가 줄을 푼 게 분명하다고! 그런데 이번엔 이런 식으로 우릴 갖고 놀아?"

두영이 씩씩댔다.

"그만해, 형! 마루가 다 듣겠어. 그건 아직 밝혀지지 않은 거잖아."

하준이 두영을 노려보며 대들었다.

"친구라고 편드냐? 친구라면 잘못을 충고해야지, 그렇게 감싸기만 하면 어떡해?"

정규였다. 그래도 한때 절친했던 정규가 저런 식으로 말을 하니 마루는 몹시 서운했다.

"이번 기회에 모든 진실을 다 밝혀야 해. 안 그래?"

두영이 아이들의 동조를 구했다. 여기저기서 맞다면서 고개를 끄덕거렸다. 그런데 제일 크게 맞장구를 칠 줄 알았던 시영이 침울한 얼굴로 가만히 앉아 있기만 했다.

두영은 시영을 못마땅하게 쳐다보다가 다시 아이들을 부추기기 시작했다.

"다들 그만해! 일단 이번 일은 두영이 말대로 그냥 넘어갈 수 없어. 하지만 밧줄 사건은 지금 밝힐 수 있는 게 아니야. 일단 다빈이는 부대장에서 물러나고 마루, 하늘, 승우, 하준은 외출 금지야. 그리고 앞으로 열흘 동안 청소와 쓰레기 당번! 다빈이도 함께 해. 법은 법이니까."

혁은 나중에 만들어진 벌칙 법에 따라 다섯 아이들에게 벌을 줬다.

마루는 곧 기운을 차렸다. 여기저기서 쑤군거리는 소리가 들렸기 때문에 더 이상 누워 있을 수 없었다. 벌칙도 수행해야 했다. 몸이 아프다는 핑계로 청소를 하지 않는다는 비난을 듣고 싶지 않았다.

"진짜 형아가 그런 거야?"

윤이 쓰레기를 들고 구덩이로 향하는 마루를 보자 쭈뼛쭈뼛 다가와 조심스레 물었다. 마루는 눈물이 핑 돌았다. 개울 사건 이후로 어드벤처호의 밧줄을 푼 것이 마루라고 모두가 믿게 됐다. 믿는 만큼 진실이 되어 버린다. 이제는 하준도 마음이 그쪽으로 움직이는 것 같았다.

"아냐! 그건 정말 내가 아니야!"

마루는 저도 모르게 며칠 동안 아이들 눈치를 보며 힘겹게 견디던 시간들이 떠올라 울컥했다.

"아니면 아니지 왜 화를 내? 그럼 두영이 형이 말한 건 뭔데? 야밤에 밖에 나갔다 왔다며!"

함께 쓰레기를 처리하던 하늘도 따지듯 물었다. 하늘과 승우는 마루 때문에 자신들도 벌을 받는다며 처음부터 대놓고 투덜거렸다.

"에잇!"

마루는 쓰레기를 그 자리에 탁 던져 버리고 휙 몸을 돌렸다. 그러고는 동굴을 향해 도망치듯 달려갔다. 그러면 안 됐지만 도저히 그 자리에 있을 수 없었다. 더 이상 하준도 마루를 두둔하지 않았다.

'어떻게 해야 나를 믿어 줄까?'

개울에서 구조된 이후 마루는 단 하루도 편히 잠들지 못했다. 이제는 밧줄이 풀린 것도 정말 자기 탓 같았다. 잠도 오지 않아 아예 뜬눈으로 밤을 지새웠다. 낮에 쓰레기 처리를 제대로 하지 않았다고 혁과 아이들에게 핀잔을 들은 일이 떠올랐다. 시원과 다운, 하준은 그 일로 마루를 비난하지 않았다. 그렇다고 마루를 따뜻하게 대해 준 것도 아니었다. 아이들은 마루를 비난하거나 침묵하거나 둘 중 하나였다. 마루는 또 눈물이 났다.

"이거 안고 있을래?"

다운이 마루 옆에 토끼 인형을 슬며시 놓았다. 도와주지 못해서 미안하다는 눈빛이었다. 마루는 눈물이 그렁그렁 맺힌 눈으로 토끼 인형을 봤다. 그러고 보니 어렸을 때 엄마가 사 준 돼지 인형이랑 비슷하게 생긴 것 같기도 했다. 마루도 그 돼지 인형을 한참 동안 갖고 놀았다. 토끼 인형을 꼭 안아 봤다. 엄마가 옆에 있으면 정말 좋겠다는 생각이 들었다. 야단을 맞아도 좋으니 엄마가 보고 싶었다. 토끼 인형이 따뜻하게 느껴지면서 저도 모르게 스르르 눈이 감겼다.

똑. 똑.

동굴 천장에서 떨어지는 물방울 소리에 마루는 눈이 떠졌다. 조용히 몸을 일으켜 아이들을 봤다. 모두들 편한 얼굴로 잠들어 있었다. 아무도 마루처럼 고통스럽지 않은 것 같았다. 마루는 지금이야말로 폭풍우 치는 망망대해에 혼자 덩그러니 떠 있는 기분이었다. 여기 있다가는 엄마, 아빠를 만나기도 전에 죽을 것 같았다.

'내일도 모레도 오늘 같은 날이 이어지겠지.'

마루는 무언가 결심을 한 듯 자리에서 일어섰다. 그러고는 다시 한번 모두를 둘러봤다.

"미안해. 모두들 안녕."

따돌림도 폭력! 친구의 생명도 소중히!

폭력 예방과 대처법

아, 진짜 너무하다! 아무리 마루가 잘못했다 하더라도 따돌리고 무시하고 괴롭히는 건 안 돼. 그러다가 더 큰 사고가 날 수 있어. 마루도 자책하다가 결국 동굴을 떠났잖아. 혹시 밖에서 위험한 일을 당하면 어떡해? 그럼 모두가 괴로울 거야.

따돌림 때문에 스스로 목숨을 끊은 친구들 이야기를 들은 적이 있지? 따돌림도 폭력이란다. 마음에 큰 상처를 내 정상적인 생활을 불가능하게 하니까. 누군가를 따돌리는 사람이 되지도 말고, 누군가에게 따돌림을 받지도 않았으면 좋겠어. 폭력의 가해자도, 피해자도 돼서는 안 돼.

폭력 대처법

- 다른 사람이 시비를 걸면 상대하지 말고 자리를 피해.
- 위험하다고 생각하면 즉시 경찰, 부모님, 학교에 알려.
- 누군가에게 폭력을 당하면 숨기지 말고 꼭 어른에게 말해.
- 학교 폭력을 당하는 친구가 있으면 모른 척하지 말고 선생님이나 부모님에게 말해야 돼.
- 학교 폭력을 당하면 112로 전화해 도움을 구해.

폭력 예방법

- 못된 상급생들이 괴롭힐 수 있으니까 친구들과 함께 다녀.
- 폭력적인 친구는 사귀지 않는 것이 좋아.
- 다툴 때는 주먹 대신 대화로 해결해.
- 친구를 사귈 때 내 고집대로만 하지 말고 서로 생각을 존중해야 해.
- 서로의 개성을 있는 그대로 존중해 줘야 해.
- 친구를 놀리거나 강제로 심부름을 시키면 안 돼.
- 여러 친구들과 함께 할 수 있는 활동을 통해 서로 이해하고 협력하는 마음을 길러.

6장
낯선 아저씨들

사라진 마루

"형, 마루가 사라진 것 같아."

하준이 아침 운동을 하는 혁 옆으로 다가가 조용히 말했다. 이른 아침부터 마루가 보이지 않아서 혁이 하준에게 마루를 찾아오라고 했던 것이다.

"무슨 소리야? 마루가 사라지다니?"

혁이 놀라 하준을 봤다. 다른 아이들도 팔을 들어 올리다 말고 모두 하준과 혁을 쳐다봤다. 날아오는 축구공에 뒤통수라도 맞은 것 같은 표정들이었다. 그런데 가장 크게 놀란 사람은 하준도 다운도 아닌 시영이었다.

"그 녀석 또 정신 못 차리고 장난치는 거 아냐?"

두영이 팔을 내리며 짜증을 냈다.

"형! 이번엔 진짜라고! 다 형 때문이야!"

하준은 눈을 부릅떴다. 개울 사건 후 자신 역시 마루에게 소홀했던 것이 떠올라 괜히 더 화가 났다.

"뭐라고? 왜 나 때문이야?"

"형이 마루가 하지도 않은 일까지 트집을 잡아 괜히 의심하면서 괴롭혔잖아! 마루가 장난을 좋아해도 다른 사람까지 위험에 빠뜨리는 그런 무개념은 아니란 말야!"

"웃긴다! 그럼 누가 밧줄을 푼 건데? 말해 봐! 밧줄을 푼 사람을 데리고 오라고! 그럼 내가 믿어 줄게!"

"형! 그, 그만해!"

시영이 두영의 소매를 잡아끌며 말렸다. 이상하게도 시영의 손이 덜덜 떨리고 있었다. 하지만 두영은 점점 화가 치밀어 오르는지 하준을 노려보며 씩씩댔다.

"으아, 으아앙!"

갑자기 하준이 악을 쓰며 울기 시작했다. 다운과 3학년 아이들도 따라 울었다. 마루가 죽기라도 한 것처럼 울음소리는 곧 통곡 소리로 변해 갔다.

"모두들 그만해! 지금 운다고 해결될 일이 아니야!"

혁이 아이들을 다그쳤다. 하지만 울음은 쉽게 그치지 않았다.

"모두 미안해! 흑흑."

난데없이 시영이 눈물을 터뜨렸다. 그러고는 덜덜 떨리는 목소리로 더듬더듬 말을 이었다.

"내, 내가 그랬어. 내가 바, 밧줄을 풀었다고. 두영이 형이 배, 배가 떠내려가면 재밌겠다고 그래서……. 하지만 지, 진짜 이렇게 될 줄은 몰랐어."

시영의 고백은 그야말로 폭탄 같았다. 아이들은 마루가 없어졌다는 사실보다 더 큰 충격을 받은 것 같았다.

"뭐라고? 네가 그랬다고? 그 말은 장난이었지! 그걸 곧이곧대로 들으면 어떻게 해?"

두영이 믿을 수 없다는 듯 고개를 저었다.

"그럼 나도 고백!"

이번에는 시원이었다. 또 무슨 폭탄 고백인지 시원의 목소리 역시 평소답지 않게 조금 떨렸다. 아이들은 뭐가 어떻게 돼 가는지 어안이 벙벙했다.

"사실 그날 밤에 밖에 나갔다가 밧줄이 풀린 걸 봤어. 근데 귀찮아서 선생님들께 말씀드리지 않았어. 아무렇지도 않을 줄 알았지. 모두 미안하다."

그날 무슨 일이 있었던 걸까? 열다섯 명의 소년이 다음 날을 기대하며 배에서 하룻밤을 보낸 바로 그날 말이다. 그날 가장 먼저 눈을 뜬 것은 마루였다. 그리고 밧줄을 처음 발견하고는 줄을 풀려는 시도를 한 것도 마루가 맞았다. 하지만 생각만큼 쉽게 풀리지 않자 몇 분간 밧줄과 씨름을 하다가 포기하고 선실로 들어갔다.

마루가 선실 문을 열었을 때 두영이 눈을 떴다.

'저 녀석은 이 야밤에 어딜 갔다 오는 거야?'

두영은 잠시 뒤척이다 화장실이나 다녀와야겠다고 생각했다. 하지만 혼자 가기는 싫어서 시영을 깨웠다. 시영이 눈을 비비며 일어나 두영을 따라나섰다.

"야, 저기 밧줄! 저거 풀리면 진짜 재밌지 않겠냐?"

두영이 시영의 어깨를 툭툭 치며 선착장에 묶인 밧줄을 가리켰다. 그러고는 화장실 쪽으로 냉큼 달려갔다. 순간 시영 역시 정말 재밌겠다는 생각이 들었다.

'음, 기다리면서 밧줄이나 풀어 볼까?'

시영은 기지개를 한 번 쭉 펴고 신나는 마음으로 밧줄을 풀기 시작했다. 누군가 풀려고 애썼는지 매듭이 조금 뭉개져 있었다. 시영이 끈기 있게 밧줄과 승부를 벌였고, 두영이 화장실에서 나오기 직전에 매듭이 스르르 풀렸다.

마지막으로 눈을 뜬 아이는 시원이었다. 시원 역시 화장실을 다녀오다 선착장을 빙 둘러봤다. 밧줄이 풀려 있는 것이 눈에 들어왔지만 별 신경을 쓰지 않았다. '원래 저런 거겠지. 배가 쉽게 움직이겠어?'라고 생

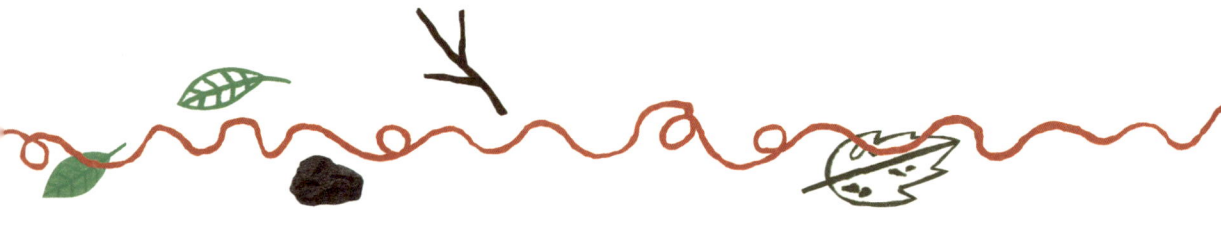

각했다. 사실 언제나 그렇듯 관심을 갖는 것이 귀찮았다.

"형! 사실이 뭐든 빨리 마루부터 찾자!"

하준은 눈물로 범벅이 된 얼굴을 하고는 혁을 보며 채근했다.

"아, 그래. 두세 명씩 조를 짜서 숲이랑 바닷가를 샅샅이 뒤져 보자. 빨리!"

하준은 다운과 함께 서쪽으로 향했다. 왠지 마루가 그쪽으로 갔을 것 같았다. 탐험부 자유 시간에 둘은 종종 서쪽 숲과 해안을 탐험했었기 때문이다. 하준은 제발 예감이 맞기를 바랐다.

"어? 이거 내 토끼 인형에서 나온 털실이야."

다운이 나뭇가지에 걸린 실오라기를 보고 떨리는 목소리로 말했다. 가만 보니 털실이 숲으로 길게 이어져 있었다. 둘은 동시에 눈짓을 주고받으며 털실을 따라 달리기 시작했다. 그러나 그 끝에는 마루는 없고 실이 다 풀린 토끼 인형만 홀로 남아 있었다.

"마루가 없어."

다운이 크게 실망한 듯 털썩 주저앉았다.

"어? 다운아, 이것 좀 볼래?"

하준이 땅바닥에서 무언가를 집더니 다운의 얼굴 앞으로 내밀었다. 라이터였다. 지난번 마루가 주웠던 라이터와 똑같은 것이었다.

착한 두 아저씨

'어? 내가 이걸 가지고 와 버렸네.'

마루는 동굴을 완전히 벗어난 뒤에야 다운의 토끼 인형을 들고 나온 것을 알았다. 순간 다운에게 미안했지만 한편으로는 인형이라도 옆에 있어 주니 든든했다.

동굴을 나오면 마음이 편할 줄 알았는데 별로 그렇지 않았다. 눈치 볼 사람이 없는 것은 좋았지만 이제는 혼자라서 무서웠다. 다시 돌아갈까 하는 생각도 했지만 이렇게 돌아가면 또 의심을 받는 지옥 같은 하루하루가 이어질 것이 뻔했다. 게다가 규칙을 어기고 새벽에 혼자 돌아다녔다고 더 큰 눈총을 살 것 같았다.

마루는 이러지도 저러지도 못하는 자신의 처지가 한심하면서도 답답했다. 마루는 생각을 다 떨쳐 버리기라도 하듯 머리를 크게 흔들고는 냅다 뛰었다.

"으악!"

그러다 땅 위로 툭 튀어나온 나무뿌리에 걸려 넘어지고 말았다.

'왜 이렇게 나는 되는 일이 없지?'

또다시 속상함이 밀려왔다. 저도 모르게 눈물이 줄줄 흘렀다. 그때 따뜻하고 보드라운 손이 마루의 얼굴 앞으로 쑥 나타났다.

"무슨 일이니, 꼬마야?"

마루는 깜짝 놀라 고개를 들었다. 멀끔하게 생긴 아저씨가 다정히 마루를 내려다보고 있었다. 마루는 순간 겁이 났지만 아저씨의 따뜻한 미소에 마음이 스르르 풀렸다.

'혹시 나를 구하러 엄마랑 아빠가 보낸 사람인가?'

이렇게 생각하니 절로 믿음까지 갔다. 마루는 팔을 뻗어 아저씨의 손을 잡았다.

"찌꾸! 여기 이 꼬마 먹을 것 좀 줘."

"하하!"

마루가 '찌꾸'라는 이름에 오랜만에 웃음을 터뜨렸다.

"아, 이름이 웃기구나? 별명이야. 저 아저씨 이름은 재구야. 우린 바다 여기저기를 다니며 탐험을 하지."

"정말요? 저도 탐험가가 꿈이에요. 정말 멋져요. 하지만 엄마가 반대하세요."

마루가 신나게 탐험 이야기를 하는 사이 음식이 준비됐다. 즉석 밥과 라면, 김치였다. 마루는 오랜만에 보는 밥과 김치에 얼굴이 활짝 펴졌다. 거기다가 라면까지 있어서 침이 꼴딱꼴딱 넘어갔다. 아저씨가 어서 먹으라고 고갯짓을 하자 기다렸다는 듯이 허겁지겁 먹기 시작했다.

"천천히 먹어. 체할라."

음식을 챙겨 준 찌꾸 아저씨 역시 마루를 다정하게 대해 줬다. 마루는 두 아저씨가 천사 같았다. 지금까지 만난 어른 중에 제일 착한 어른들이었다.

"하하, 엄마가 반대한다고? 나중에 네 엄마를 만나면 우리가 잘 설명해 줄게. 그건 그렇고 여기 어떻게 오게 됐다고 했지?"

마루를 텐트로 데리고 온 아저씨가 눈빛을 반짝이며 물었다. 마루는 착한 두 아저씨 앞에서 그동안 있었던 일을 신나게 떠들었다. 자기 말고 열네 명의 아이들이 동굴에 있다는 것도 말했다. 두 아저씨는 마루가 하는 말을 하나도 놓치지 않고 집중해서 다 들어 줬다.

"아, 잘 먹었다. 정말 고맙습니다. 아함!"

배가 부르고 마음도 편해지니 절로 하품이 나왔다.

"오늘 많이 힘들었지? 좀 자라. 이따가 깨면 친구들한테 데려다줄게."

아저씨가 정답게 말을 던지고 바람을 쐬러 찌꾸 아저씨와 텐트 밖으로 나갔다.

마루는 친구들과 형들한테 이 아저씨들을 얼른 데리고 가고 싶었다. 그럼 모두 무사히 이 섬을 탈출할 수 있을 것 같았다. 텐트 밖으로 바다가 보였다. 얼굴을 내밀어 바다 내음을 맡아 봤다. 다시 탐험가의 기분이 났다. 마루는 침낭 속으로 쏙 들어가 오랜만에 편한 마음으로 잠을 청했다.

얼마나 잤을까? 마루는 밤에 라면까지 급하게 많이 먹어서 그랬는지 아랫배가 슬슬 아파 눈을 떴다. 어둑어둑하니 저녁이 다 된 것 같았다.

"야, 대박인데!"

"그러게 말이야. 이게 웬 떡이냐! 열다섯 명이면 얼마지?"

"야, 야! 김칫국부터 마시지 말고 침착해. 지난번 일 잊었어?"

마루는 몸을 일으키려다가 아저씨들이 하는 말에 저도 모르게 귀가 쫑긋 섰다. 아저씨들 말투가 아까랑 좀 달라 이상한 느낌이 들었기 때문이다. 마치 마루가 절대 들으면 안 되는 이야기라도 하듯 최대한 목소리를 낮춰 조용조용 말하고 있었다.

"우리가 집인지 캠프장인지 데려다준다고 하고 한꺼번에 다 배에 태운 다음에 가둬 버리자."

"낄낄. 그래, 그래! 한 방에 다 보내 버리는 거야!"

"자물쇠를 잘 채워 둬야 해. 지난번처럼 애들이 다 도망가면 그동안 노력이 다 헛수고라고!"

"잔소리 좀 그만해! 이번엔 절대 그럴 일 없어. 그나저나 이제야 우리 인생도 활짝 펴겠다! 도대체 얼마를 버는 거야!"

마루는 소름이 쫙 돋았다.

'뭐라고? 우리를 어디로 보낸다는 거야? 이 아저씨들 뭐지? 설마 말로만 듣던 해적들인가? 아니면 어린이 유괴범?'

마루는 소리를 내지 않으려고 두 손으로 입을 꽉 틀어막았다. 하지만 심장이 요동치기 시작했다.

"모험을 좋아하는 애들이니 망망대해 먼바다에서 평생 살게 해 줘야지, 킥킥."

마루는 언젠가 텔레비전 뉴스에서 본 인신매매범들이 떠올랐다. 어린이들을 유괴해서 염전이나 원양어선에 팔아 버리는 아주 파렴치하고 나쁜 어른들 말이다.

'세상에! 이제 어떡하지? 나 때문에 형들과 친구들, 동생들이 이번엔 유괴까지 당하게 생겼잖아!'

마루는 동굴을 나온 것이 몹시 후회됐다. 동굴을 떠나기 전으로 시간을 돌릴 수 있다면 얼마나 좋을까? 마루의 심장 소리가 점점 더 커져 갔다. 이러다가 잠이 깬 것이 들킬 것 같았다.

하지만 그런 걱정은 하지 않아도 됐다. 그때 마루의 심장 소리보다 더 큰 소리가 밖에서 들렸기 때문이다.

"아우~ 아우~ 쉬~쉬~ 아우~ 쉬~쉬~."

텐트 밖에서 기괴한 소리가 들려왔다. 괴물 소리 같기도 하고 귀신 소리 같기도 했다. 이상한 그림자도 보였다.

"무, 무슨 소리지? 밖에 누가 있는 거 아냐?"

"나가 보자!"

못된 어른은 비켜요!
우리 몸은 우리가 지킨다!

유괴·실종·성폭력 예방법

이제 어떡해? 진실이 밝혀진 것은 정말 다행인데…… 마루가 잡히다니! 어떻게 보면 나쁜 아저씨들에게 스스로 걸어 들어갔다고 할 수도 있지만, 이건 명백한 유괴야!

이번 기회에 정말 잘 알아 둬야 해. 세상은 절대 안전하지 않다는 것을! 우리 생명은 우리 스스로 지켜야 해. 정신을 차리고 상황 판단을 잘해 위기에서 당장 벗어나야 된다고. 특히 나쁜 어른들에게 속으면 안 돼! 나쁜 어른들은 겉모습만으로는 판단할 수 없어.

그리고 어린이들을 유괴하는 어른들 말고 또 나쁜 어른들이 있어. 바로 성범죄를 저지르는 어른들이야. 이런 어른들한테서도 우리의 소중한 몸을 지켜야 해.

다음의 주의할 점을 꼭 명심하자.

유괴와 실종 예방법

- 등하굣길은 친구들과 함께 다녀.
- 낯선 차를 함부로 타면 안 돼.
- 집 밖에서 화장실에 갈 때는 꼭 가족이나 친구들과 함께 가야 해.
- 아무리 친절하고 부모님의 친구라고 말해도 모르는 사람을 따라가면 안 돼.
- 낯선 곳이나 복잡한 곳에서는 부모님과 헤어질 경우를 대비해 만날 장소를 미리 정해.
- 아동안전지킴이집이 어디에 있는지 평소에 알아 두고 위험해지면 거기로 들어가.
- 낯선 어른이 강제로 가자고 하면 크게 소리를 지르고 발버둥 쳐서 빠져나와야 해.
- 유괴범 신고는 112! 절대 잊지 마!
- 친구들끼리만 동네 숲, 산, 강으로 가면 안 돼.
- 어두운 곳이나 사람들 눈에 잘 띄지 않는 곳에서 놀면 안 돼.

성폭력 예방법

- 내 몸은 소중하기 때문에 절대 남에게 함부로 보여 주거나 만지게 둬서는 안 돼.
- 내 몸을 만진 사람이 예뻐서 그랬다고 하는 말은 거짓말이야. 부모님에게 꼭 말해야 해.
- 옷을 벗어 맨몸을 보여 주는 어른도 나쁜 어른이야. 당장 부모님에게 알리고 112에 신고해야 해.
- 나랑 아주 가까운 사람도 내 몸을 함부로 만져서는 안 돼. "하지 마세요!" 하고 따끔하게 말한 뒤 자리를 피해.

15소년 안전기

마루 구출 작전

분명 어디서 들었던 소리였다. 마루는 기억을 더듬었다. 무인도에 온 첫날 절벽에 오를 때 다운이 들려줬던 동물 울음소리들이었다. 마루는 밖에 있는 것이 바로 괴물도 아니고 귀신도 아닌 친구들과 형들임을 알았다.

'날 구하러 온 건가?'

마루는 눈물이 핑 돌았다.

아이들은 하준이 들고 온 라이터를 보고 마루가 서쪽 해안 근처에 있다고 판단을 내렸다. 그리고 인형 옆에 라이터가 떨어져 있다는 것은 마루 말고 다른 사람, 그것도 어른이 있다는 뜻이었다.

"인신매매범이 분명해! 분명 마루를 때려서 기절을 시킨 다음 끌고 간 거라고!"

하준이 열을 올리며 흥분을 했다.

"진짜 그런 일이 일어나기만 해 봐! 내가 가만두나!"

두영도 아직 확실하지도 않은데 흥분을 했다. 팔은 안으로 굽는다더니 늘 구박하던 마루가 누군가에게 잡혔다고 상상하니까 참을 수가 없었다. 아니면 마루를 의심한 것이 미안해서 직접 구하고 싶은지도 몰랐다. 아이들 모두 지금 이 순간 마루가 정말 보고 싶었다.

"자, 일단 진정해. 누구랑 같이 있는지 아닌지는 아직 몰라. 어디에 있는지부터 확인해야 하니까 하준과 다운, 다빈, 시영이 그 근처를 뒤져서 알아 와. 마루 혼자 있으면 당연히 데려오고. 조심해야 해. 그동안 우리는 만일의 사태를 대비해 작전을 짜고 있을게."

마루를 발견하는 데는 그리 오랜 시간이 걸리지 않았다. 서쪽 해안으로 막 들어서려는 순간 맞은편 숲 입구에 텐트가 있는 것을 봤고, 마침 그 안에서 아저씨 둘이 나왔기 때문이다. 그리고 뒤이어 한 아이가 텐트 밖으로 얼굴을 잠깐 비쳤는데, 마루임이 분명했다. 네 아이는 서둘러 동굴로 돌아가 혁과 아이들에게 이 사실을 알렸다.

"해가 질 때까지 기다리자. 어둠 속에서 잔뜩 겁을 준 다음에 쫓아내는 거야."

아이들은 혁의 계획이 좀 시시했지만 어른을 상대로 싸운다는 것은 현실적으로 불가능했다. 그러니 다른 대안이 없었다.

다운이 동물 소리를 최대한 이상하게 내고, 다른 아이들은 우리와 누리가 만든 물고기잡이 통과 나무 그릇, 덫 등을 이용해 몸을 이상하게

꾸미기로 했다. 그리고 온몸에 숯 검댕 칠을 했다.

변장을 하고 동굴을 나가면서 달빛에 비친 그림자들을 보니 귀신 같기도 하고 괴물 같기도 했다.

드디어 작전이 개시됐다. 텐트 근처에 있는 큰 나무와 바위 뒤에 아이들이 몸을 숨겼다. 혁이 바로 옆에 있는 다운에게 신호를 보내자 '아우~ 아우~ 쉬~쉬~ 아우~ 쉬~쉬~' 하며 기괴한 소리를 질렀다.

예상대로 텐트 안에 있던 두 그림자가 움직였다. 다운이 더 크게 소리를 질러 댔다. 혁이 이참에 확실히 겁을 주기 위해 바위 위로 후다닥 올라가 이상한 춤을 췄다. 그 모습을 본 아이들이 아주 빠르게 몸을 움직여 맘껏 흐느적거렸다.

"누구야?"

텐트 안에서 두 아저씨가 차례로 나왔다. 아이들은 후다닥 숲 쪽으로 가 숨었다. 다운은 침을 꿀꺽 삼킨 다음 이번에는 아주 무섭게 그르렁대는 소리를 냈다. 누가 들어도 먹이에 굶주린 사나운 늑대 소리였다.

"숲 속에 야생 느, 늑대가 있나 봐."

"그, 그럴 리가 있냐? 이 조, 좁은 섬에."

혁이 늑대처럼 몸을 낮춰 기는 듯 휘리릭 움직였다. 가만히 보면 사람인 것을 알 수도 있었지만, 겁이 난 상황이라 그런지 두 아저씨가 몸을 흠칫 뒤로 뺐다. 아이들이 이 모습을 보고 혁처럼 몸을 낮춰 슬금슬금 휘리릭 왔다 갔다 하며 혼란을 줬다. 다운은 그에 맞춰 늑대 소리며 호

랑이 소리 같은 맹수들의 소리를 낮고 포악하게 냈다.

"아까 봤어? 저, 저기 저쪽 숲에…… 분명 느, 늑대야."

혁이 아저씨들 앞으로 휙 덫을 던졌다.

"으아악!"

이번에도 혁의 예상은 적중했다. 진짜 늑대가 튀어나오는 줄 알고 두 아저씨가 배가 있는 쪽으로 냅다 도망을 친 것이다. 잠시 후 타다다다 하고 배의 엔진이 돌아가는 소리가 났다.

"안마루, 이제 나와."

마루가 주춤주춤 텐트 밖으로 나갔다. 검은 칠을 하고 있었지만 분명 마루가 함께 있고 싶어 했던 그 얼굴들이 틀림없었다. 열네 명의 아이들도 마찬가지였다. 지금 이 순간만큼은 엄마, 아빠보다 더 보고 싶었던 마루가 눈앞에 있었다.

우리 모두 안전하게

무인도에 또 하루가 밝았다. 처음 여기 왔을 때처럼 모두가 무사했다. 아이들은 처음으로 서로에게 고마움을 느꼈다. 그건 모두 살아 있었기 때문이다.

"참 많은 일이 있었다. 그동안 모두 정말 고생 많았어."

혁이 감격스러운 듯 아침을 먹은 뒤 모두를 한 명 한 명 둘러봤다.

"어디 가냐? 갑자기 왜 그래? 우리 구조될 때까지 여기서 더 고생해야 하는 거 아냐?"

시원이 무뚝뚝한 표정으로 핀잔을 줬다. 하지만 혁과 비슷한 감정을 느끼는 것이 모두에게 전해졌다.

"맞아. 오늘부터 다시 새 마음으로 무인도 생활을 힘차게 시작하자는 의미로 한 말이야."

혁이 빙그레 웃으며 시원을 봤다. 그러고는 마루를 바라봤다. 그렇지 않아도 마루는 정식으로 모두에게 고맙다는 말을 하고 싶었다.

"모두 고마워. 그리고 정말 미안해."

"자식! 고맙긴 하냐? 그럼 보초나 더 잘 서!"

두영이 툭 내뱉듯 말했지만 전과 달리 따뜻함이 담겨 있음을 마루도 느꼈다.

"나도 미안해. 우리 정말 열심히 연기 지켜서 꼭 구조되자!"

시영이 마루에게 처음으로 용서를 구했다. 마루가 씽긋 웃었다.

"아, 진짜! 나는 이놈의 알레르기 때문에 어딜 다닐 수가 없네!"

두영이 툴툴거리자 모두 한바탕 자지러지게 웃었.

평화를 찾은 뒤, 무인도에는 질서와 안전이 어느 정도 자리를 잡았다. 모두들 자기 역할을 즐겁게 했다. 서로가 무사한지 항상 신경을 썼으며 태풍이나 사고에 대비해 구석구석 철저히 점검했다.

구조되기 위한 노력도 멈추지 않았다. 마루와 하준, 다운, 정규, 시영,

다빈, 이렇게 여섯 명은 셋씩 짝을 지어 절벽에 피워 놓은 연기를 지키기로 했다. 사실 전에 마루와 하준은 연기를 지키다 말고 근처 숲으로 가 놀기도 하고 그랬다. 그때 불이 안 난 것이 천만다행이었다. 하지만 이제는 절대 한눈을 팔지 않았다. 낮과 밤에 교대로 연기를 지키며 구조선이 오기만을 손꼽아 기다렸다.

어느 날, 여느 때처럼 연기를 피워 놓고 지키는데, 쌍안경으로 바다를 보던 마루가 소리를 질렀다.

"저기 배가 보여! 우리 쪽으로 오고 있어!"

하준이 냉큼 쌍안경을 가로채 마루가 가리키는 곳을 봤다. 깃발이 펄럭였다. 캠프 근처에 정박해 있던 바로 그 경비정이었다. 마루와 하준의 얼굴에 함박웃음이 가득 차올랐다. 하준은 마루에게 쌍안경을 넘겨주고 날아가듯 동굴로 달려 내려갔다.

잠시 후 아이들은 동쪽 해안으로 나가 경비정을 맞이했다. 마루 아빠가 퉁퉁 부운 얼굴로 배에서 내렸다.

"아빠!"

마루가 달려갔다.

"죄송해요. 정말 죄송해요. 이제 우리 엄마한테 쫓겨나는 거예요?"

마루는 아빠의 품에 얼굴을 파묻고 서럽게 엉엉 울었다.

"무슨 그런 말을 해? 엄마가 널 얼마나 기다리고 있는데…….."

마루 아빠는 마루를 꼭 안아 줬다.

폭풍이 몰아치던 날, 다빈이 이것저것 버튼을 누르다가 구조 신호를 보내게 됐다. 그 신호가 어느 어선에게 잡혔고, 해양경비대에 신고가 돼 곧 경찰들이 출동했다. 그런데 바다 한가운데서 신호가 사라져 침몰한 줄 알고 바다 속을 뒤졌다. 하지만 며칠이 지나도 성과가 없자 혹시나 하는 마음에 주변 무인도를 전부 다 수색했다. 그러다 어드벤처호가 흘러 들어간 무인도로 향하던 중 아이들이 피운 연기를 발견했던 것이다.

어드벤처호에 탔던 열다섯 명의 아이들이 모두 무사히 집으로 돌아갔다. 학교에서는 한동안 이 모든 모험 이야기들로 떠들썩했다. 기자들이 찾아와 한바탕 아이들을 인터뷰해 가기도 했다.

일상으로 돌아온 어느 날, 가족들과 뉴스를 보던 마루가 낯익은 얼굴 둘을 발견하고는 소리를 질렀다.

"엄마, 아빠! 저 아저씨들이에요!"

무인도에서 마루와 아이들을 팔아넘기려고 했던 그 나쁜 아저씨들이 경찰에 잡혀 질질 끌려가고 있었다. 모자를 푹 눌러썼지만 마루는 금방 알아봤다. 그때 입었던 옷을 입고 있는 데다, 수갑이 채워진 손을 보니 마루가 잡았던 바로 그 손이었던 것이다. 마루는 몸서리를 쳤다. 옆에서 엄마가 마루를 꼭 안아 줬다. 마루는 엄마의 품이 참 안전하다고 느꼈다. 할머니가 뒤에서 그 모습을 흐뭇하게 바라봤다.

"그래, 직접 겪어 보니 어땠냐? 할머니 말씀이 맞지?"

연지가 뒤에서 마루 머리를 툭 건드렸다.

마루는 가족들을 향해 몸을 돌려 앉았다. 그러고는 많은 것을 깨달은

표정을 하고는 중대 발표라도 하듯 의젓하게 말했다.

"할머니 말씀, 엄마 말씀, 아빠 말씀 모두 맞아요. 내 몸은 정말 소중하고, 내 몸이 안전해야 모두의 안전을 지킬 수 있고, 내가 안전하게 자라려면 어른들의 도움이 필요하다는 것 말이에요. 그래도 나는 안전하게 자라서 탐험가가 될 거예요!"

"그래, 이 녀석아! 탐험가든 뭐든 다치지만 말고 자라라."

마루 아빠가 마루 머리를 장난스럽게 헝클어뜨리며 껄껄 웃었다. 모두 오랜만에 편하게 실컷 웃었다.

안전은 작은 것부터!
생활 속 안전 점검 시작!

스스로 안전 점검

가정에서의 생활 안전

마루와 친구들이 모두 무사히 집으로 돌아올 수 있어서 정말 다행이야. 그동안의 고생이 약이 돼 안전을 잘 지키는 사람들이 되면 좋겠어. 안전은 가장 가까운 데서부터 관심을 갖고 지키는 습관을 들여야 해. 바로 우리 집, 가정이지.

가족의 행복은 안전에서 시작해요!

가정 안전 점검

- 건물에 균열, 누수(물 새는 것) 현상은 없는가?
- 아파트 베란다 난간은 안전한가?
- 가스 밸브는 완전히 잠겨 있는가?
- 월 1회 가스가 새는지 점검하는가?
- 누전 차단기가 설치돼 있는가?
- 한 개의 콘센트에 여러 개의 전기 기구를 사용하지는 않는가?
- 라이터, 성냥, 약물, 칼 등 위험한 물건은 어린이 손에 닿지 않는 곳에 보관하는가?
- 목욕탕에 미끄럼 방지를 위해 안전 조치를 했는가?
- 문, 탁자, 가구 등의 모서리는 부딪혀 다치지 않게 안전 조치를 했는가?

우리 가족 안전을 지키는 7가지 수칙

1. 재난 대비 회의를 하자. 재난이 발생하면 무엇을 어떻게 해야 하는지 모두가 알아야 한다.
2. 가족이 모두 헤어졌을 때 다시 만날 수 있는 장소를 정하자.
3. 집 안의 가스, 전기, 수도 공급을 차단하는 방법을 모두 함께 알아 두자.
4. 재난과 사고 비상 연락처를 항상 보이는 곳에 붙여 두자.
5. 구급약품을 눈에 잘 띄는 곳에 보관하고 평상시에 응급 처치법을 익혀 두자.
6. 화재에 대비해 가정용 소화기와 방독면을 준비하자.
7. 비상식량과 비상 용품을 준비해 두자.

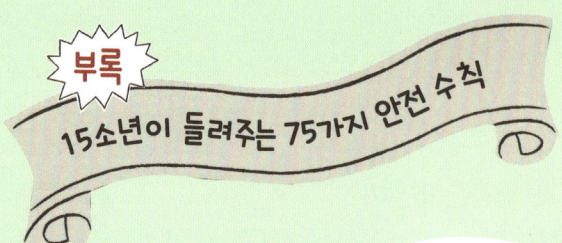

부록
15소년이 들려주는 75가지 안전 수칙

우리 모두 안전하게 자라 어른이 돼 꿈을 이루자!

달려라 안전!

안전은 아무리 강조해도 지나치지 않아.

아무 일도 일어나지 않는다고 마음을 놓고 주의하지 않으면 바로 위험이 찾아오지. 재미나 장난으로 한 일들 때문에 크게 다치거나 해를 입는 경우도 많아.

우리 모두 안전에 관심을 갖고 모든 일에 주의를 기울이며 안전 수칙을 잘 지켜 무사히 어른이 되자!

 나는 **교통안전**에 대해 조사했어. 정글 탐험을 하듯 이리저리 도로를 휘젓고 다니면 안 되고, 안전하게 다니는 게 제일이야!

① 차에서 내릴 때 자전거, 오토바이 등이 오지 않는지 잘 살펴야 해.
② 도로를 건널 때는 좌우를 살피고, 초록 신호로 바뀌어도 차가 오는지를 잘 봐야 해.
③ 자전거를 타고 도로를 건널 때는 반드시 내려서 횡단보도를 이용해 천천히 끌고 가.
④ 좁은 길에서 나올 때는 일단 멈춰서 좌우를 확인하고 운전자와 눈 맞추는 습관을 들이는 게 좋아.
⑤ 보행로가 없는 길을 걸을 때는 가장자리로 다니고, 횡단보도에서는 오른쪽으로 건너는 게 안전해.

 산에 오르는 거 좋아하니? 지난번 무인도에서 절벽을 오른 적이 있는데 주의할 게 참 많더라고. 그래서 나는 **산행 안전**에 대해 조사했지!

⑥ 산에 갈 때는 배낭을 잘 챙겨야 해. 손전등, 비옷, 휴대전화, 구급약품, 물통을 넣어.
⑦ 발 디딜 곳을 잘 살펴 천천히 걷고 일정한 속도로 걷는 게 좋아.
⑧ 등산화는 발에 잘 맞는 걸 신고 산행 중에는 너무 많이 먹지 말아야 해.
⑨ 해 지기 한두 시간 전에는 산에서 내려와야 해.
⑩ 부상자가 있으면 빨리 119에 신고해서 위치와 부상자의 상태를 정확히 알려 줘야 해.

 내 꿈은 소방관이 되는 거야.
그래서 **화재 예방·대처법**에 대해 조사했어.

⑪ 가스불을 켜 둔 채로 주방을 비우면 안 돼. 혹시 가스가 새면 천장으로 모인 가스를 밖으로 쓸어 내.

⑫ 전열기 주변에 탈 수 있는 물건을 두면 안 되고, 쓰지 않는 전자 제품은 꼭 플러그를 뽑아.

⑬ 길에서 불씨가 남은 담배꽁초를 보면 꼭 밟아서 끄자. 성냥이나 라이터를 함부로 다루면 안 돼.

⑭ 쓰레기를 아무 데서나 태우면 안 되고, 야외에서 취사를 할 때는 반드시 불씨 단속을 해야 해.

⑮ 발코니 비상문이나 비상칸막이벽이 어디에 있는지 미리 확인해.

 우리 형 꿈이 소방관인 거 알지? 그래서 내 꿈도 자연스레 소방관이 됐지. 나는 **소화기와 소화전 사용법**에 대해 알려 줄게.

❶ 안전핀을 뽑는다. ❷ 노즐을 잡고 불 쪽을 향한다. ❸ 손잡이를 움켜쥔다.

⑯ 바람을 등진 상태에서 소화기를 써야 해.
⑰ 분말 소화기: 안전핀을 뽑고 노즐을 잡은 뒤 손잡이를 움켜쥐고 분말을 골고루 쏘면 돼.
⑱ 투척용 소화기: 커버를 벗긴 다음 약재를 꺼낸 뒤 불을 향해 던지면 돼.
⑲ 소화전: 문을 연 뒤 호스를 빼고 노즐을 잡은 다음, 밸브를 돌려서 불을 향해 쏘면 돼.
⑳ 소화기와 소화전 사용법을 꼭 익혀 두는 게 좋아.

 내가 똑똑한 건 다 알고 있지? 하지만 난 공부보다 먹는 걸 더 좋아해. 그래서 음식과 관련해서는 잘 알지. 내가 조사한 건 바로 **식중독**!

㉑ 음식을 먹고 설사, 복통, 구토 등이 나타나면 식중독을 의심하고 병원에 가야 해.
㉒ 설사가 심하면 물을 충분히 섭취해 탈수를 막아야 해. 음료수는 마시면 안 돼.
㉓ 구토와 설사는 독이 빠져나오는 거니까 억지로 멈추려고 하지 마.
㉔ 배와 손발을 따뜻하게 하면 복통이 조금 누그러져.
㉕ 함께 식사한 사람들이 위와 같은 증상이 나타나면 보건소에 전화해서 식중독 신고를 해.

내가 식중독에 대해 조사하려고 했더니 시원이 형이 먼저 해 버렸어. 나도 형 못지않게 먹는 걸 좋아하는데. 그럼 대신 **음식물 사고 예방·대처법**을 알려 줄게.

㉖ 음식은 무조건 천천히 꼭꼭 씹어서 먹고, 먹기 전에 물을 마시면 좋아.

㉗ 생선 가시가 목에 걸리면 핀셋으로 조심히 뽑아내고, 보이지 않으면 바로 병원에 가.

㉘ 떡을 먹다가 목에 걸려 숨을 못 쉬면, 119에 신고한 다음 응급 처치를 해. 환자를 앉힌 뒤 뒤에 서서 환자의 허리를 양팔로 감싼 다음 한 손으로 주먹을 쥐고 명치에 오게 한 뒤 다른 손으로 주먹을 감싸 잡고 환자의 배를 빠르게 눌러.

㉙ 땅콩 같은 견과류를 먹다가 얼굴이 빨갛게 붓고 숨이 가빠지면 알레르기 반응이야. 알레르기 완화 약이 있으면 먹고 빨리 병원으로 가야 해.

㉚ 표백제나 살균제 같은 걸 모르고 마셨다면 빨리 119에 신고해 병원에 가야 해.

선장이 되려면 날씨 변화에 관심을 가져야 해. 바다는 육지보다 더 위험하거든. 난 **태풍과 호우 대처법**에 대해 조사했어.

㉛ 일기예보를 보면서 태풍의 진로와 호우 지역을 주의 깊게 관찰해야 해.

㉜ 가정의 하수구나 집 주변의 배수구를 점검하고 막힌 곳이 있으면 뚫어야 해.

㉝ 바람에 날아갈 위험이 있는 선박, 비닐하우스, 창문, 간판, 지붕, 자전거 등은 단단히 고정해 둬야 해.

③④ 침수나 산사태가 일어날 위험이 있는 곳에 사는 주민은 대피 장소를 알아 둬야 해.

③⑤ 물에 잠긴 도로로 걸어가거나 차를 타고 다니면 안 돼.

 나는 추위를 정말 많이 타. 그래서 겨울이 되면 밖에 다니기 싫지. 내가 조사한 **대설·한파 대처법**을 알려 줄게. 눈이 많이 내리는 날에는 외출을 안 하는 게 제일 좋아.

③⑥ 스노우 체인, 모래주머니, 삽 등 눈 피해 예방 안전 장비를 갖추고 있어야 해.

③⑦ 내 집 앞의 눈은 내가 치워서 모두 안전하게 다닐 수 있도록 해야 해.

③⑧ 눈길에서는 무조건 천천히 운전해야 한대. 그리고 될 수 있으면 대중교통을 이용해.

③⑨ 빙판이나 눈길을 걸을 때는 미끄러지지 않도록 주의하고 바닥 면이 넓은 운동화나 등산화를 신는 게 좋아.

④⓪ 수도꼭지를 열어 물이 조금 흐르게 해 동파 사고를 막도록 해. 만약 수도관이 얼면 헤어드라이어로 녹이면 돼.

 무얼 조사할까 하다가 내가 수영을 하면서 자주 걸렸던 병에 대해 알려 주면 좋겠다는 생각을 했어. 바로 눈병이야.
유행성 눈병 예방 수칙을 알려 줄게.

㊶ 비누로 흐르는 수돗물에 손을 자주 씻으면 병균에 감염될 확률이 낮아져. 그림처럼 손 씻는 습관을 들이면 좋아.

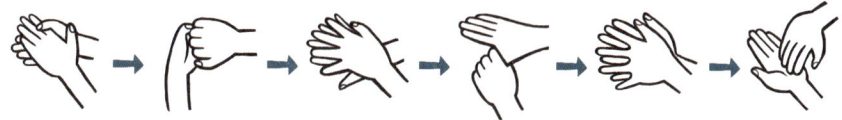

㊷ 수건이나 컵을 다른 사람과 함께 사용하지 않도록 해.
㊸ 눈병이 유행하면 사람들이 많이 모이는 곳, 특히 수영장은 가지 않는 게 좋아.
㊹ 눈이 붓거나 충혈이 되고 눈곱이 끼면 손으로 비비거나 만지지 말고 안과에 가.
㊺ 눈병에 걸리면 집에서 쉬고 사람이 많은 곳에는 가지 마.

 나는 **낙뢰 대처법**을 조사했어.
하늘이 번쩍 하면 일단 조심해야 해.

㊻ 일기예보에서 낙뢰가 발생한다고 하면 외출을 안 하는 게 좋아.
㊼ 산꼭대기나 키 큰 나무로 낙뢰가 떨어지기 쉽기 때문에 자리를 피하고, 우산같이 긴 물건은 땅에 누이고 몸에서 떨어뜨려야 해.
㊽ 평지에 낙뢰가 칠 때는 몸을 낮게 하고 움푹 파인 곳으로 대피해.

㊾ 자동차에 타고 있을 때는 차를 세우고 차 안에 그대로 있는 것이 안전해.

㊿ 집에 번개가 치면 즉시 모든 전자 제품의 플러그를 뽑는 것이 좋아.

내가 알레르기가 심한 거 알지? 봄이 되면 정말 죽겠어.
꽃가루, 황사, 미세 먼지 때문에 재채기가 쉬지 않고 나오지.
이 중에서 **황사 대처법**을 알려 줄게.

(51) 황사가 너무 심하면 밖에 안 나가는 게 제일 안전해.

(52) 집에 있을 때는 창문을 잘 닫아야 해.

(53) 밖에 나갈 때는 마스크를 쓰고, 보호 안경도 쓰면 좋아.

(54) 밖에 나갔다 오면 손을 잘 씻고, 과일이나 채소도 깨끗이 씻어서 먹어야 해.

(55) 실내 공기정화기와 가습기 등을 미리 준비하면 황사가 발생했을 때 집 안 공기를 깨끗하게 할 수 있어.

'우리나라에도 지진이?'라고 생각하는 친구들이 있지?
우리나라가 안전지대는 아니야. 만일의 사태를 대비해
지진 대피법을 알아 둬야 해.

(56) 지진이 발생하면 얼른 탁자 밑으로 몸을 피하고, 탁자가 없으면 방석으로 머리를 보호해.

(57) 문을 열어서 출구를 확보해야 해.

(58) 지진이 발생하면 사용하던 불부터 먼저 꺼야 해.

(59) 빨리 대피하려고 엘리베이터를 타는 건 더 위험해.

(60) 밖에 있을 때 지진이 나면 가방 등으로 머리를 보호하고, 담이나 기둥 옆에 기대면 안 돼.

나는 커서 아주 재미있고 안전한 놀이 시설을 만들 거야.
그래서 **놀이 시설 안전**에 대해 알아봤어.

(61) 안전 울타리 안에서 순서를 기다리고, 그 위에 걸터앉거나 함부로 들어가면 안 돼.

(62) 밥을 먹고 나서는 휴식을 취한 다음 놀이기구를 이용하는 게 좋아.

(63) 놀이동산에서는 마구 뛰어다니거나 주변을 잘 살피지 않고 걸어다니면 다칠 수 있어.

(64) 바른 자세로 놀이기구를 타고 안내에 따라 안전장치를 잘 착용해.

(65) 놀이기구를 탔을 때 장난을 치면 안 되고, 완전히 정지한 다음에 내려야 해.

나도 누리랑 꿈이 같아. 하지만 누리가 놀이 시설 안전에 대해 말했으니까 나는 요즘 사람들의 관심을 한 몸에 받고 있는 **원자력발전소 사고 안전**에 대해 말해 줄게.

66 원자력발전소에 사고가 나면 나라에서 '주민보호조치'를 발표할 거야. 그 지시에 따라야 해.

67 원전 사고가 나면 외출을 안 하는 것이 좋고, 하게 되면 마스크를 쓰고 우산, 비옷 등을 가지고 다니면서 비에 맞지 않도록 해야 해.

68 외출 후에는 반드시 몸을 깨끗이 씻어야 해.

69 바깥에서는 음식을 먹으면 안 되고 채소나 과일은 깨끗이 씻어 먹어야 해.

70 바깥 공기가 집 안으로 들어오지 않도록 문을 닫아야 해.

어린이들이 사고가 많이 나는 곳 중 하나가 어디인 줄 아니? 바로 엘리베이터와 에스컬레이터야.
그래서 나는 **승강기 안전**에 대해 조사해 봤어.

71 엘리베이터를 타고서 버튼을 마구 누르면 안 돼.

72 엘리베이터 안에서 뛰고 구르거나 손잡이에 올라타면 빨리 고장이 나.

73 정전이나 고장 등으로 안에 갇히면 인터폰으로 구조를 요청하고 침착하게 기다려.

74 에스컬레이터를 탈 때는 옷이나 신발 등 물건이 틈새에 끼지 않도록 주의해야 해.

75 에스컬레이터에서는 반드시 손잡이를 잡고 있어야 하고, 뛰어 올라가거나 뛰어 내려오는 건 정말 위험해.

어때? 지켜야 할 안전 수칙이 많다고 벌써부터 귀찮아하는 건 아니겠지? 안전은 나와 너, 우리 모두의 생명이야. 내 생명을 지키는 건 바로 나 자신이지. 위급한 상황에 처하면 상황을 제대로 판단해 무엇을 어떻게 할지 침착하게 결정해야 한단다. 스스로 대처하거나 도움을 청하는 거지. 둘 다 해야 하는 상황도 있고. 그리고 무엇보다 예방이 중요해! 평소 안전한 생활이 습관이 되면 진짜 위기가 닥쳐도 당황하지 않고 대처할 수 있을 거야.

글 강승임

선생님은 어렸을 때나 지금이나 겁이 많아요. 그래서 다치거나 위험해지는 행동은 거의 하지 않아요. 그런데 한 가지 생각에 골몰하면 주의를 전혀 기울이지 않지요. 그래서 넘어지기도 하고 고랑에 빠지기도 해요. 아이들처럼 말이에요. 그래서 이번 글을 쓰면서 자기 자신도 좀 더 안전에 관심을 갖고 깊은 주의를 기울여야겠다고 다짐했어요.

그림 허지영

대학에서 애니메이션을 공부하고 일러스트레이터로 활동하고 있어요. 평소 그림 그리는 시간 외에는 방 안에서 이런저런 상상하기를 좋아하고, 그 상상들을 따라다니며 낙서하기를 즐겨요.

감수·추천 허억(어린이안전학교 대표)

1990년 어린이 교통사고 예방 활동을 시작으로 현재에 이르기까지 오랫동안 어린이 안전사고 예방 활동에 힘써 온 안전 전문가예요. 어린이에게 안전한 환경을 만들고 안전 문화를 정착시키기 위해 여러 활동을 하고 있어요.
어린이안전학교는 부모님과 선생님에게 어린이 안전사고 예방을 위한 안전 교육의 중요성과 구체적 교육 방법을 제공하고, 어린이들에게는 실제 사고 사례 중심의 실습 교육을 실시해 각종 안전사고에 스스로 대처할 수 있는 자생 능력을 길러 주는 어린이 안전 교육 전문기관이에요.

위험이 꿈틀대는 모험에서 살아남는 법
15소년 안전 표류기

개정판 1쇄 2025년 3월 31일

글쓴이 강승임 | **그린이** 허지영 | **감수·추천** 허억
펴낸곳 책속물고기 | **출판등록** 제2021-000002호
주소 서울특별시 영등포구 양평로 157, 1112호
전화 02-322-9239(영업) 02-322-9240(편집) | **팩스** 02-322-9243
전자우편 bookinfish@naver.com | **카페** http://cafe.naver.com/bookinfish
인스타그램 @bookinfish | **콘텐츠 프로바이더** 와이루틴
ISBN 979-11-6327-176-5 73300

※ 이 책의 내용을 쓰고자 할 때는 저작권자와 출판사 양측의 허락을 받아야 합니다.
※ 잘못된 책은 바꾸어 드립니다.
※ 값은 뒤표지에 있습니다.

| **품명** 아동 도서 | **제조일** 2025년 3월 31일 | **사용연령** 10세 이상 | **제조자** 책속물고기 | **제조국** 대한민국 |
연락처 02-322-9239 | **주소** 서울특별시 영등포구 양평로 157, 1112호
주의사항 ⓐ 종이에 베이거나 긁히지 않도록 조심하세요. ⓑ 책 모서리가 날카로우니 던지거나 떨어뜨리지 마세요.
KC마크는 이 제품이 공통안전기준에 적합하였음을 의미합니다.